The
WIGGLESWORTH
Standard

스미스 위글스워스의 미출간된 설교와 그의 삶

위글스워스는 이렇게 했다

피터 J. 매든 지음 | 박미가 옮김

믿음의말씀사

The Wigglesworth Standard
ISBN 0-88368-612-0
Printed in the United States of America
ⓒ 1993 by Whitaker House

Whitaker House
30 Hunt Vally Circle
New Kensington, PA 15068

2008 / Korean by Word of Faith Company, Korea.
Translated and published by permission
Printed in Korea.

위글스워스는 이렇게 했다
The Wigglesworth Standard

1판 1쇄 인쇄일 · 2008년 10월 17일
1판 1쇄 발행일 · 2008년 10월 21일

지 은 이   피터 J. 매든
옮 긴 이   박 미 가
발 행 인   최 순 애
펴 낸 곳   믿음의 말씀사
주   소   경기도 용인시 기흥구 마북동 323-4
전화번호   (031) 8005-5493   FAX : (031) 8005-8897
홈페이지   http://faithbook.kr
출판등록   제68호 (등록일 2000. 8. 14)

ISBN 89-90836-68-9 03230
값 9,000원

헌 사

저의 위대한 협력자인
사랑하는 아내
리아(Lia)에게
이 책을 바칩니다.

감사의 글

저자인 저는 "믿음의 승리"(Triumphs of Faith)라는 간행본에 실렸던 스미스 위글스워스(Smith Wigglesworth)의 설교들을 이 책에 인용할 수 있도록 허락하여 주신 캘리포니아 주의 오클랜드에 있는 평화의 집(the Home of Peace) 담당자에게 감사드립니다.

또한 다음의 책들에 실린 스미스 위글스워스에 관한 정보들을 인용하고 사용할 수 있도록 허락하신 미주리 주의 스프링필드에 있는 복음 출판사(Gospel Publishing House) 관계자 여러분들께 마음으로부터 우러나오는 감사를 드립니다: 스탠리 프로드샴(Stanley Frodsham)의 저서인 "믿음의 사도" 스미스 위글스워스(Smith Wigglesworth: Apostle of Fatith), 콜린 휫테이커(Colin Whittaker)의 저서들인 "일곱 명의 오순절 개척자"(Seven Pentecostal Pioneers)와 스미스 위글스워스의 "영원히 증가하는 믿음"(Ever Increasing Faith)과 "승리하는 믿음"(Faith That Prevails).

다음의 저서들에 나온 글들을 인용할 수 있도록 허락해 주신 오클라호마 주 털사에 있는 해리슨 하우스(Harrison

House) 책임자에게도 감사드립니다: 윌리엄 하킹(William Hacking)의 저서 "스미스 위글스워스를 추억하며"(Smith Wigglesworth Remembered), 알버트 히버트(Albert Hibbert)의 저서 "스미스 위글스워스의 능력의 비밀"(Smith Wigglesworth: The Secret of His Power) 및 조지 스토먼트(George Storment)의 "하나님과 동행한 사람 스미스 위글스워스"(Smith Wigglesworth: A Man Who Walked with God)

마지막으로, 제이스 히월-데비스(Jace Hywel-Davies)가 지은 "스미스 위글스워스의 삶"(The Life of Smith Wigglesworth)이라는 책에 실린 스미스 위글스워스가 살아온 구체적인 삶들을 참고하고 인용할 수 있도록 허락하여 주신 미시간 주 앤아버에 있는 섬김 출판사(Servant Publication) 관계자분들에 대해 감사드립니다.

목 차

소개의 글 ·· 10

제1장 불꽃
시작하는 글: "당신을 놀라게 하기 위해" ················ 19
열쇠 # 1: 기대 ·· 38
열쇠 # 2: 하나님을 향한 목마름 ································ 40
열쇠 # 3: 성령에 사로잡힘 ·· 44
열쇠 # 4: "불꽃" ·· 48
열쇠 # 5: 준비된 삶 ·· 50
열쇠 # 6: 예수님이 통치하시는 때 ···························· 53

제2장 "주님, 제가 무엇을 하기 원하십니까?"
시작하는 글: 급한 전보 ·· 59
열쇠 # 1: 순종과 내려놓음 ·· 84
열쇠 # 2: 단순하게 믿음 ·· 88
열쇠 # 3: 예수를 닮음 ·· 91
열쇠 # 4: 성령으로 옷 입음 ·· 95
열쇠 # 5: 한 걸음 씩 ·· 99
열쇠 # 6: 끈기 있게 전진함 ······································ 102

제3장 성령 세례
시작하는 글: 특별한 기차 여행 ································ 109
열쇠 # 1: 방언, 계시 그리고 인식 ···························· 125
열쇠 # 2: 부활의 능력 ·· 128
열쇠 # 3: 그분의 계획 ·· 131
열쇠 # 4: 계시하시는 분 알기 ·································· 135
열쇠 # 5: 우리 안에 성령이 계실 곳 예비해 놓기 ······ 138
열쇠 # 6: 어린 아이와 같은 마음 ···························· 141

제4장 "내가 어찌하든 그분을 알기 원합니다."
- 시작하는 글: "손가락을 올려 보세요." ······ 147
- 열쇠 # 1: 육신이 아니라 성령 ······ 172
- 열쇠 # 2: 깨어진 마음 ······ 175
- 열쇠 # 3: "그분 안에서 발견되기" ······ 179
- 열쇠 # 4: 담대함 ······ 182
- 열쇠 # 5: 그분의 고통에 참예함 ······ 184
- 열쇠 # 6: "그의 죽으심을 본받아" ······ 186

제5장 "온전히 기쁘게 여기십시오."
- 시작하는 글: "나의 아내 폴리, 잘 가요" ······ 191
- 열쇠 # 1: 하나님이 기뻐하시는 믿음 ······ 212
- 열쇠 # 2: "온전히 기쁘게 여기십시오." ······ 214
- 열쇠 # 3: 온전한 사랑 ······ 218
- 열쇠 # 4: 하나님의 빗으심 ······ 222
- 열쇠 # 5: 높은 부르심의 표식 ······ 224
- 열쇠 # 6: 변화를 향한 배고픔 ······ 225

제6장 하나님으로 채움 받음
- 시작하는 글: 모든 영혼 ······ 231
- 열쇠 # 1: 당신을 향한 하나님의 열망 ······ 244
- 열쇠 # 2: 기준을 낮게 설정한 것으로부터 저를 구해 주십시오! ······ 246
- 열쇠 # 3: 깨어난 영 ······ 249
- 열쇠 # 4: 높은 곳에서 살기 ······ 251
- 열쇠 # 5: 떠나지 마십시오 ······ 254
- 마지막 열쇠: 당신의 삶의 기준을 정하십시오 ······ 257

후주 ······ 262
추천 도서 ······ 263
저자에 관하여 ······ 264
역자 후기 ······ 266

소개의 글

너희는 우리로 말미암아 나타난 그리스도의 편지니 이는 먹으로 쓴 것이 아니요 오직 살아 계신 하나님의 영으로 쓴 것이며 또 돌판에 쓴 것이 아니요 오직 육의 마음 판에 쓴 것이라. (고후 3:3)

 스미스 위글스워스는 위의 성경 말씀에 입각한 진리를 평생 동안 전하였고, 자신이 전한 말씀 그대로의 삶을 살았습니다. 그는 정말로 살아있는 "그리스도께서 보내신 편지"이었습니다. 독자여러분들은 이 책을 통해 위대한 믿음의 사람 스미스 위글스워스의 심정과 메시지를 접하게 될 것이며, 그가 경험한 놀라운 일들을 만나게 될 것입니다. 그리고 이를 통해 훌륭한 교훈들을 얻게 될 것입니다.
 내가 스미스 위글스워스에 관한 사실들을 처음으로 들었을 때에 내 심령 속에 계신 성령님께서 나에게, "너는 스미스 위글스워스의 생애에 그가 한 간증들이 기록된 책들을 구해서, 그에 대해 공부하여라! 나는 이것을 통해 너에게 특별한 가르침을 줄 것이다." 라고 말씀하셨습니다.
 이러한 일은 내가 호주 시드니에 있는 성경 학교에 들어간 지 몇 주가 채 안 되서 일어났습니다. 그 당시 나의 학교 친구

두 명이 점심시간에 스미스 위글스워스에 대해 서로 이야기를 나누고 있었습니다. 마치 쇳가루가 자석에 끌려들어가듯이, 나는 이 두 친구가 하는 이야기 속으로 끌려들어 갔습니다. 바로 그날 오후, 나는 이 위대한 믿음의 사람인 스미스 위글스워스에 관한 책을 샀습니다. 그 책은 스탠리 프로드샴(Stanley Frodsham)의 믿음의 사도(Apostle of Faith)라는 책입니다. 나는 며칠 간 그 책을 읽고나서, 한 번 더 읽었습니다. 그리고 그 후 수개월 동안 나는 그에 관한 책이면 무조건 구입하여 읽었습니다. 그러자 하나님께서 그 책들을 통해서 나에게 놀라운 말씀들을 해주셨습니다.

그 당시 나는 학교 수업이 끝나면 곧바로 버스를 타고 집으로 간 후, 내 방으로 들어가 창문의 블라인더를 내린 후 전등을 끄고 누워, 오랜 시간 동안 오직 하나님의 얼굴만을 구하곤 하였었습니다. 그 당시에는 하나님을 향한 간절한 배고픔이 나의 전 존재를 장악하였었습니다. 그 당시의 나의 삶은 마치 하나님께 기도하기 위해 존재하는 것 같았습니다. 성경말씀이 나에게 점점 강력하고 실제적으로 다가오자, 성령의 기름부음의 내 삶에 강력하게 부어져 나의 영적 권위는 한 단계 높은 수준으로 올라갔습니다.

나는 다른 사람들에게 위글스워스에 대해서, 그와 하나님과의 관계가 어떠했는지에 대해서, 그리고 그가 어디를 가든 그를 통해 나타낸 하나님의 치유의 기적에 대해 말해주었습니다. 내가 그에 대해 너무도 많은 대화들을 사람들과 나누었기 때문에 다른 학생들이 나를 보면, "저기 스미스 위글스워스가 오네."라고 말하곤 하였습니다. 하나님께서는 스미스 위글스워스의 삶을 나에게 보여주심으로 나의 사역에 많은 영향력을 미치도록 하셨습니다. 나에게 일어났던 이러한 일들이 다른 사람들에게 일어나는 것이 하나님의 뜻이라고 나는 믿습니다.

남자와 여자를 구별할 필요 없이, "그리스도의 편지"로 살아간 많은 훌륭한 사람들이 있습니다. 예를 들면, 웨슬리(Wesley), 피니(Finney), 부쓰(Booth), 하이디(Hyde), 무디(Moody), 우드워드-애터(Woodworth-Etter), 보스워스(Bosworth), 스터드(Studd), 레이크(Lake), 뮬러(Meuller), 머레이(Murrary), 샘플 맥퍼슨(Semple MacPherson), 심슨(Simpson), 고포쓰(Goforth), 쿨만(Kuhlman)과 같은 사람들이 바로 그런 사람들입니다. 이 사람들은 모든 하나님의 손으로 쓰신 편지와 같은 위대한 삶을 살았습니다. 이 편지는 우리가 읽을 수 있고, 편지에 쓰인 대로 살 수 있고, 공부할 수 있고, 배울 수 있고, 사랑할 수 있는 편지입니다. 사실, 하나님의 말씀은 우리에게 그런 사람들을 존경하고 그들의 삶을 따라가라고 명하고 있습니다. 이 사람들은 모두 우리에게 훌륭한 것들을 줄 수 있는 사람들입니다. 특히 스미스 위글스워스의 삶이 보여주는 그리스도의 편지는 우리에게 특별한 교훈을 주고 삶에 유익을 줍니다. 나는 스미스 위글스워스의 편지가 그리스도의 몸된 오늘날의 교회에게 절대적으로 필요한 편지라고 믿습니다.

1989년 초에 나는 호주의 월롱공(Wollongong)이라는 도시에서 목회를 하고 있었는데, 이때 성령님께서 나에게 위글스워스가 설교한 내용들을 수집하라고 말씀하셨습니다. 나는 그때 성령님께서 나에게 이런 지시를 한 것은 나에게 영감을 불어넣어주시기 위함이거나 나의 설교가 더욱 영적인 설교가 되도록 하기 위함인 줄로 생각하였습니다. 그러나 내가 그러한 자료들을 수집하면 할수록, 하나님께서 나에게 그렇게 하도록 명령하신 이유는 내가 수집한 내용을 다른 사람들과 공유하도록 하기 위함이라는 사실을 깨닫게 되었습니다.

나는 스미스 위글스워스에 대한 정보만을 모아 출판하는 것에 대해서는 만족할 수 없어서, 그에 관한 새로운 자료들을 찾아보려고 애를 쓰기 시작하였습니다. 나는 호주에 있는 자료들을 점검해 보았고, 영국에 편지를 쓰기도 하였습니다. 그러나 별 성과를 거두지 못하였습니다. 이에 실망한 나는 이러한 일들을 일단 뒤로 제쳐둔 채, 다른 일들에 신경을 쓰기 시작하였습니다.

그로부터 6개월이 지나서 나는 나의 가족은 어떤 프로젝트와 관련하여 미국으로 여행을 가게 되었습니다. 이 때 우리는 미국에 가서 은퇴한 선교사들이 살고 있는 평화의 집(Home of Peace)에 머물렀는데, 이 집은 하나님의 위대한 사람들이 살았던 집이었습니다. 나는 그 집이 스미스 위글스워스가 몇 번 들렸던 집이라는 사실을 알고 매우 기뻤습니다. 평화의 집을 세운 몽고메리 부부(Mr. and Mrs. Montgomery)와 스미스 위글스워스는 매우 가까운 사이였습니다.

나는 주님께서 그 어떤 일을 행하시려고 하시는 것을 감지하였고 그것이 무슨 일이지 금방 알게 되었습니다. 하나님께서는 나를 지구의 반 바퀴에 해당하는 거리(13,000마일)인 호주에서 미국 캘리포니아로 가게 하시고, 오래된 집(평화의 집)의 앞방에 있는 작은 벽장 속에서 내가 그토록 기도하며 찾고 있었던 것을 찾게 하셨습니다. 내가 벽장 속에서 찾아낸 책은 믿음의 사도 스미스 위글스워스가 생전에 하였던 37편의 설교들을 담은 책이었습니다.

본서는 내가 그 때 찾은 스미스 위글스워스의 설교 메시지들을 바탕으로 하여 쓰인 책입니다. 성령님께서는 나의 성경학교 시절에 몇 년 간에 걸쳐 나에게 스미스 위글스워스가 받은 계시와 그의 삶에 관해 여러 가지 교훈들을 가르쳐 주셨습니다. 나는 본서를 읽는 독자들이 내가 그 때 하나님으로부터 받은 교훈들을 동일하게 받게 되길 원합니다. 이 책은 하나님을 더 많이 원하는 사람들과 하나님의 "마지막 시대의 군대"가 되길 원하는 사람들과 하나님의 "불꽃(flames of fire)"이 되기를 원하는 사람들을 위한 책입니다. (히브리서 1장 7절을 보십시오.) 스미스 위글스워스의 불꽃과 배고픔과 계시와 기름부음과 능력이 여러분의 것이 됨으로 하나님께서 영광 받으시는 일들이 이 책을 읽는 여러분들에게 일어나기 간절히 기도합니다.

나의 애씀 (My Endeavor)

　스미스 위글스워스는 예수 그리스도에 관한 놀랄만한 계시를 받은 사람이었고, 평생 하나님과 매우 가깝게 동행한 사람이었습니다. 그는 보통 사람들 이상으로 하나님과 친밀한 관계를 가졌고, 성령님과는 거의 하나 되는 삶을 살았습니다. 그랬기에 그의 하나님에 대한 이해는 강력할 수 있었고 병든 자들을 고치고 죽은 자들을 살릴 수 있었습니다. 그랬기에 그는 믿기 어려울 만큼의 믿음 – 기독교를 변화시킬 수 있을 만큼의 믿음 – 을 가질 수 있었습니다. 그는 이러한 놀라운 믿음을 소유하고 있었기에, 깨어진 마음을 가진 겸손한 사람이 될 수 있었고 하나님 앞에서 자신은 아무것도 아니라는 사실에 대한 깊은 자각을 항상 간직하며 살 수 있는 사람이 될 수 있었습니다.

　나는 스미스 위글스워스에게 영광을 돌리기 위해 애쓰는 것이 아닙니다. 왜냐하면 하나님의 영광은 오직 하나님에게만 돌려져야 하기 때문입니다. 스미스 위글스워스가 그토록 하나님의 영광을 원했던 오직 하나의 이유는 하나님께 그 영광을 모두 다 드리기 위함이었습니다.

　나는 이 책을 쓰는 동안 그리스도 안에 거하면서 성령의 인도함을 받으려고 하였습니다. 내가 이 책을 쓴 이유는 이 책을 읽는 독자 여러분들이 예수 그리스도에게 헌신하고, 믿음이 하늘의 영감을 받아 삶이 세워지고, 하나님에 대한 열심의 불이 붙고, 사람들에 대한 긍휼한 마음이 증가되고, 독자들의 마음과 생각이 넓어지고, 스미스 위글스워스를 공부하고 그의 생애와 신학과 믿음의 원리에 대한 이해를 통해 독자들의 비전이 확장되어지기를 원해서입니다. 복음 전도자요, 믿음의 사도요, 오순절 교회의 선조(forefather)인 스미스 위글스워스의 삶은 실로 20세기에 써진 하나님의 편지라고 할 수 있습니다.

제 1 장

불꽃
(FLAMES OF FIRE)

시작하는 글
"당신을 놀라게 하기 위해"

　위글스워스는 영국의 어느 교회의 두 다리가 없는 부목사 집에 머무르고 있던 어느 날 부목사와 저녁식사를 끝내고 서로 이야기를 나누기 시작하였습니다. 그들의 대화 주제는 자연스럽게 두 다리가 없는 것에 관한 것으로 옮겨갔습니다. 그 당시의 의족은 오늘날의 의족처럼 그렇게 잘 발달된 의족이 아니었습니다.
　위글스워스가 그 사람에게 퉁명스러운 목소리로 갑자기, "내일 아침까지 새 신발을 구해 놓으십시오."라고 말했습니다. (그는 그 당시 아픈 사람들을 위해 기도하거나 사역을 할 때면 이런 식으로 퉁명스럽게 말하곤 하였습니다.)
　그 가난한 부목사는 위글스워스의 이러한 말이 농담에 불과하다고 생각했습니다. 그러나 위글스워스와 부목사가 사역을 끝내고 자신들이 머물고 있었던 숙소로 돌아왔을 때, 하나님께서는 부목사에게, "내 종이 명령한 대로 행하라."라고 말씀하였습니다. 하나님께서는 '내 종'이라는 표현을 사용하였다는 것이 얼마나 놀라운지요! 하나님께서는 자신과 위글스워스를 동일시하신 것입니다.

두 발이 없는 부목사는 하나님께 들은 말로 인해 밤새 잠을 이룰 수 없었습니다. 그는 아침 일찍 시내로 가서 신발 가게의 문이 열릴 때까지 기다렸습니다. 신발 가게 종업원이 맨 먼저 도착해서 가게 문을 열었습니다. 그러자 부 목사가 가게 안으로 들어가서 가게에 있는 의자에 앉았습니다.

종업원이 와서, "선생님, 좋은 아침입니다. 제가 무엇을 도와드릴까요?"라고 물었습니다.

두 발이 없는 부 목사는, "신발을 사러 왔으니 하나 골라주십시오."라고 말했습니다.

"그러지요, 몇 문을 신으십니까? 어떤 색깔을 원하십니까?"라고 종업원이 물어습니다.

이 질문에 부목사는 머뭇거렸습니다. 그러자 종업원은 그 사람에게는 두 다리가 없다는 것을 알고는, "죄송합니다. 저는 당신을 도와 드릴 수가 없습니다."라고 말했습니다.

"젊은이, 상관없습니다. 사이즈 8짜리 검정색으로 주십시오."라고 부목사가 요청하였습니다.

종업원이 몇 분후에 요청받은 신발을 찾아 부목사에게 다시 와서 사이즈 8짜리 검정 색 신발을 건네주었습니다. 그 사람은 한쪽 허벅지를 신발 안으로 집어넣었습니다. 그러자 갑자기 발과 다리가 생겨났습니다! 다른 쪽 허벅지를 집어넣으려고 하자, 동일한 일이 일어났습니다!

그 부목사는 새 신발만이 아니라 두 개의 새 다리도 갖고 신발가게를 나왔습니다!

이러한 놀라운 사실을 부목사로부터 전해들은 위글스워스는 전혀 놀라지 않았습니다. 그는 그렇게 될 줄로 이미 알고 있었습니다. 그는 가끔 이런 말을 하곤 하였습니다: "하나님께서 개입하시기만 하시면, 다리 하나 새로 만드는 것과 부러진 뼈 고치는 것은 둘 다 똑같이 쉽습니다."[1]

불꽃

　복음 전도자 스미스 위글스워스에게 나타났던 놀라운 능력은 도대체 누구의 능력입니까? 물론, 그것은 하나님의 능력입니다. 왜 그의 삶이 그토록 놀라운 열매들이 맺혀졌을까요? 우리가 이러한 질문들에 대한 정확한 이해를 할 있는 유일한 방법은 위글스워스가 삶으로 쓴 삶의 편지들을 공부하는 것입니다. 그렇게 하기위해, 우리는 그가 살았던 삶과 그가 전했던 설교들을 살펴볼 필요가 있습니다.
　바울은, "내가 그리스도를 본받는 자가 된 것 같이 너희는 나를 본받는 자가 되라."(고전 11:1)고 하였습니다. 그는 단지, "내가 명령한 대로 해라." 라거나, "내가 하는 것을 너도 해라."라고만 하지 않았습니다. 우리가 위글스워스의 삶을 본받으려면 위글스워스가 무슨 말을 하였고 어떻게 행동하였는지를 알아보는 것이 매우 중요합니다. 그러므로 이제 우리는 그의 삶을 조사해보는 일을 시작하겠습니다.

위글스워스의 삶 : 그의 초반의 삶

스미스 위글스워스는 하나님의 영으로 불타고 있는 "불꽃(flame of fire, 불)"(히 1:7)이었습니다. 그는 하나님을 알려는 열정으로 하나님과 교제하였습니다. 그는 하나님의 말씀을 향한 열망, 영혼들을 향한 열망, 성령의 나타나심에 대한 열망 및 거룩함에 대한 열망 그리고 그리스도를 닮기 원하는 열망으로 불탔습니다.

위글스워스는 1859년에 영국 요크셔(Yorkshire) 지방의 멘스톤(Menston)이라는 작은 농촌의 허름한 오두막집에서 네 번째의 자녀로 태어났습니다. 그의 가족은 매우 가난했기 때문에, 그는 가족을 돕기 위해 6살 때부터 노동을 하기 시작했습니다. 그의 어린 시절은 중노동의 긴 시간들로 채워졌음에도, 그는 단순하고도 행복한 분위기 속에서 자라났습니다.

8살이 되었을 때 어린 위글스워스는 자신이 예수 그리스도의 피로 다시 태어났다는 사실을 명확하게 알았습니다. 그는 그의 할머니와 몇 몇 사람들과 함께 오래된 웨슬리 감리 교회의 장작 난로 옆에 서서 박수를 치며 서 있었을 때 예수 그리스도를 그의 삶의 주인으로 받아들였습니다.

여러분들이 이 글에 실린 메시지들을 통해 잘 아시게 될 것이듯이, 그는 자신 속에 그토록 강렬하게 타고 있었던 하나님에 대한 변하지 않는 배고픔과 열정이 얼마나 중요한지를 너무도 잘 알고 있었습니다. 그리고 그는 그와 동일한 배고픔과 열정이 다른 사람들 속에도 있게 되기를 바랐습니다. 하나님을 향한 배고픔, 현재의 상태에 절대로 만족 할 수 없음 및 성령의 충만을 위해 앞으로 나아감 등은 위글스워스의 전 생애를 형성하게 된 기본 사항들입니다.

그는 영혼 구원에 대한 배고픔으로 가득 차 있었는데, 그는 이러한 배고픔을 사람들과의 대화에서부터 해결하기 시작되었습니다. 그 결과 그는 자기의 어머니를 제일 먼저 그리스도에게로 인도하였습니다. 이를 시작으로, 그는 그가 알고 있는 모든 소년들에게 그리스도를 소개하였습니다. 그는 어린 시절에 사람들로부터 많은 비난과 거절을 당했지만, 그를 구원하신 그리스도에게로 사람들을 인도하려는 열정은 식어 본적이 한 번도 없었습니다.

13세에 그는 가족을 따라 영국의 브래드포드(Bradford)로 이사하게 되었는데, 그는 그 곳으로 이사하자마자 그곳에 있는 한 웨슬리 감리 교회에 출석하기 시작하였습니다. 그가 그 교회에 출석한 지 얼마 되지 않아, 그 교회에서 특별 선교 대회에 참석할 일곱 명의 소년 중에 한 명으로 그가 뽑혔다는 사실은 그가 하나님에 대해 매우 민감한 소년이었음을 잘 증명해주고 있습니다. 그는 그 모임에서 단지 15분만 발표하도록 요청받았지만, 그는 수간 주 동안 기도로 그것을 준비하였습니다. 그가 발표할 시간이 다가오자, 그의 심령은 영혼들을 구원하고 싶은 강렬한 열망으로 불탔습니다.

위글스워스가 열여섯 살이 되었을 때에 브래드포드에 구세군이 들어왔습니다. 그 당시 구세군은 윌리엄 부쓰(William Booth) 총사령관의 지도력 아래 신선하고도 강력한 전도 운동을 펼치고 있었는데, 이것이 젊은 청년 위글스워스의 마음에 들었습니다. 그 이유는 구세군들이 믿지 않은 사람들을 그리스도에게로 인도하고자 하는 열정과 하나님을 향한 열망이 자신의 하나님에 대한 열망과 일치한다는 사실을 발견하였기 때문이었습니다.

그는 젊은 나이에 성령의 인도함을 받아 잃어버린 영혼들을 위해 기도와 금식만으로 보내는 날들을 가지기 시작하였습니다. 매주 그는 구세군의 형제자매들과 함께 믿음을 나누는 모임에 참석하였습니다. 그리고 이 모임을 통해 수십 명의 사람들이 그리스도를 받아들이는 전도의 열매들이 맺어지는 일들이 일어났습니다.

위글스워스는 젊은 나이에 이미 구원은 하나님의 심장 박동이라는 사실을 깨달았습니다. 이때부터, 영혼들을 구원하는 것은 그의 믿음 여정의 우선순위에서 항상 첫 번째 위치를 점하는 것이 되었습니다.

위글스워스는 구세군에서 여러 해를 머물렀습니다. 그는 그가 그토록 강력하게 원했던 하나님의 능력이 구세군 사람들에게 있는 것을 보았습니다. 그들이 모여 불같은(fiery) 기도를 할 때면, 많은 사람들이 성령의 능력 아래서 오랫동안 쓰러지는 일이 일어나곤 하였었는데, 그들 중에 어떤 사람들은 성령의 능력 아래에서 무려 스물 네 시간 동안 쓰러져 있기까지 하였습니다. 그들은 또한 그들이 하나님께 드린 기도에 대한 결과들이 나타나는 것도 보았습니다. 그들이 하나님께 구원을 놓고 계속적으로 기도한 사람들이 실제로 구원받는 일들이 매주 일어났습니다. 하나님께서 그들의 믿음의 기도에 상을 베푸신 것입니다!

위글스워스는 하나님이 하고 계시는 일의 중심에 있고 싶었습니다. 그래서 그는 그 당시에 부어진 하나님의 가장 큰 축복들을 좇아가는 사람들과 함께 다녔습니다. 그가 그렇게 한 것은 어떤 특정한 기독교 단체(교단)를 선호해서가 아니라, 오직 하나님께만 충성하고 싶어서였습니다. 그는 허망한 것 쫓아간 것이 아니라 하나님과 함께하기 위해 자신을 융통성 있게 바꾸어나간 사람입니다. "이러므로 그들의 열매로 그들을 알리라." (마 7:20)는 말씀대로, 그는 가는 곳 마다 열매를 맺었습니다.

위글스워스의 삶에서 가장 중요한 위치를 점하고 있는 것이 이 땅에 하나님 나라를 건설하는 것과 영혼들을 구원하는 것이라는 사실은 그의 어린 시절에 그가 하였던 일이 무엇이었나를 살펴봄으로 잘 알 수 있습니다. 그가 개인 사업을 한 얼마동안의 기간을 제외하고는, 하나님 나라 건설과 영혼 구원에 대한 그의 열정은 평생 동안 지속되었습니다.

많은 그리스도인들이 위글스워스처럼 하나님에 대한 열정과 영혼 구원에 대한 열망을 갖고, 사랑과 긍휼에 가득 차서, 하나님의 말씀과 능력에 배고파하며, 하나님을 자신의 삶에 "첫 번째"로 놓겠노라고 맹세하며 살면, 그리스도인의 삶을 살아가기 시작합니다. 이렇게 맹세한 그대로의 삶을 죽을 때까지 살수 있다면 이 세상에서 그보다 더 좋은 삶을 없을 것입니다. 그러나 슬프게도 그런 삶을 끝까지 살아나가는 그리스도인들이 그리 많지 않습니다. 이에 대해 예수님께서는, "너의 처음 사랑을 버렸느니라."(계 2:4)라고 말씀하셨습니다.

그리스도에 대한 "처음 사랑"에 머물러 사십시오.

예수님께서는 에베소 교회가 "처음 사랑"을 버렸다고 말씀하셨습니다(4절). 우리는 지금 에베소에서 살고 있는 그리스도인들이 아닙니다. 그러므로 우리는 "처음 사랑"을 버릴 필요도 없고, 예수님과의 달콤한 사랑의 "신혼여행" 기간이 끝날 필요가 없습니다. 오히려 예수를 향한 사랑과 열심과 열정과 타는 듯한 열망과 기쁨과 흥분이 갈수록 증가하여야 합니다. "[하나님의 자비가] 아침마다 새롭습니다."(애 3:23) 그분을 향한 우리의 사랑과 그분의 계시 또한 아침마다 새롭습니다.

위글스워스는 삶을 매일 새롭게 함으로 항상 그리스도에 대한 "처음 사랑"을 간직하며 살았습니다. 우리가 그의 삶을 통해 읽을 수 있는 메시지는 사랑의 메시지입니다. 그는 하나님에 대한 사랑과 그분의 나라를 이 땅에서 확장시키고자 하는 열망을 계속해서 증가시키며 살았습니다. 이것이 바로 그가 하나님의 능력을 나타내는 삶을 살 수 있었던 열쇠였습니다.

당신은, "위글스워스는 특별한 사람입니다. 나는 그 사람처럼 살 수 없습니다."라고 말할 수도 있습니다. 선택은 당신에게 달렸습니다. 예수님께서는 에베소 교회에 대해 요한계시록 2장 5절을 통해, "회개하여 처음 행위를 가지라"고 말씀하심으로, "처음 사랑"을 유지하는 것은 우리의 선택이지, 하나님이 택한 소수의 사람들에게만 "처음 사랑"을 유지시켜 주시는 것이 아님을 명백히 하셨습니다.

하나님께서는 이 마지막 때에 "처음 사랑"으로 타는 "불꽃"이 되기로 결정한 거룩한 열망을 갖고 있는 사람들을 찾고 계십니다. 그 사람들은 예수 그리스도를 위하여 이 세상을 뒤집어 놓을 사람들입니다!

당신이 이제 스미스 위글스워스의 강력한 설교를 읽게 됨으로, 바로 그가 그런 사람임을 감지하게 될 것입니다. 그는 자신을 "세상에서 가장 목마른 사람"이라고 하였습니다. 그가 가졌던 배고픔이 당신의 배고픔이 되도록 당신의 마음의 문을 여십시오. 그리고 그의 배고픔이 당신의 것이 되도록 기도하십시오. 그렇게 하기만 하면 당신은 (위글스워스처럼) 능력의 삶을 사는 첫 걸음을 걷기 시작할 수 있습니다.

* * * * * * * * *

불꽃 (Flames of Fire)
스미스 위글스워스의 설교

주님을 높이십시다! 나는 이 집회에서 그 어떤 사람도 설교할 자유를 갖고 있다고 확신합니다! 나는 성령 하나님께서 이러한 진리들을 우리의 심령 속에 부어주셔서, 우리가 기대의 높은 곳에서 살 수 있게 될 것이라고 믿습니다.

이 집회는 변화에 대한 유연성이 큰 집회입니다. 나는 하나님께서 우리 속에 마음의 소원들을 집어넣어 주실 것으로 믿습니다. 내가 여기 있을 수 있게 되어서 마음이 참 기쁩니다. 나의 마음엔 지금 여러 가지 생각들이 가득 차 있습니다. 내가 오늘 아침에 전하려고 하는 메시지는 참 좋은 메시지입니다.

오직 하나님만이 나의 심령을 만족하게 해주실 수 있다는 사실을 나는 잘 알고 있습니다. 하나님을 향한 목마름을 갖고 있는 사람만이 하나님의 일을 이루고자 하는 바른 열망을 갖게 됩니다. 예수는 바로 그런 위대한 열망과 목마름을 갖고 계셨던 분이셨습니다. 그러므로 이 열망은 하나님의 집이 마땅히 가져야할 열망입니다!

나는 오늘 이 아침 하나님께서 우리를 장차 우리의 삶을 변혁(revolution)시킬 수 있는 자리로 인도하실 것이라고 믿습니다. 오, 사랑하는 형제들이여, 우리의 전 존재가 온전히 변혁될 때 까지는, 우리는 절대로 하나님을 위한 삶을 온전히 살 수 없습니다.

내가 성령을 받았다(received the Holy Spirit)는 사실을 알게 된 것은 나에게는 놀라운 사건이었습니다. 그러나 이보다 더 놀라운 사건은 성령님께서 나를 장악하셨다(Holy Spirit got me)는 사실을 알게 되었을 때였습니다. 이런 일이 일어난 것은 내 삶에 지대한 영향력을 끼친 과히 혁명

(revolution)적인 일이라 해도 과언이 아닙니다. 이로 인해 내 삶의 모든 분야에 모두 새로운 차원-새롭게 되는 과정-의 신적 표식이 새겨졌습니다. 사실 이것은 상처를 내지 않고 내 속에 하나님에 대한 남모르는 열망과 소망을 집어넣는 수술을 한 것이고, 수술 후에 하나님께서 내 심령에 도장을 찍은 것입니다. 이렇게 내가 새롭게 창조된 것은 하나님의 계획이었습니다. 새롭게 창조된 내 심령 속에는 하나님께서 태초에 창조하셨던 인간 속에 있었던 하나님의 형상을 이루고 싶어 하는 목마름이 그 힘을 제대로 발휘하고 있습니다. 과거에는 이러한 목마름이 박탈당한 상태였지만 지금은 그 목마름이 되찾아져서 첫 발걸음을 내딛고 있는 상태입니다. 그 목마름은 아직은 걸음마 단계에 있습니다. 그러나 하나님께서 나의 영혼 전체에 성육신화(incarnation)하신 때부터는 나에게서 그 목마름이 점점 커지고 있습니다.

하나님은 나의 전 존재에 대해 절대적이고도 완전한 권위를 갖고 계시는 분이십니다. 내가 드리는 계속적인 번제만이 그분을 기쁘게 할 수 있습니다. 성령의 능력 안에서 살고, 생각하고, 행동할 때에만 내가 하나님의 온전한 번제물이 될 수 있습니다. 주님을 찬양합니다!

오늘 이 아침에 하나님께서 강력한 힘으로 역사하셔서 우리의 육적인 열망과 바램들이 터져버리고, 하나님께서 숨 쉬시고 우리와 함께 먹고 마시는 곳으로 하나님께서 우리를 데려가심으로, 하나님과 우리와 함께 살게 되는 일이 일어나기를 간절히 바랍니다. 그 곳은 측량할 수 없는 기쁨이 넘치는 좋은 곳입니다.

우리에게 지금 일어나고 있는 오순절의 역사는 인간적인 요소들이 감소되는 반면, 하나님의 측량할 수 없는 것들은 점점 증가되는 쪽으로 흘러가고 있습니다. 나는 오늘 이 아침에 하나님의 손길이 우리 위에 머물고 있는 것에 대해 만족해하고 있습니다. 하나님께서 예수 그리스도 안에서 우리를 위해 예비하신 구원의 영광에 대해 우리가 진정으로 믿을 수 있게 되었으면 참 좋겠습니다!

히브리서 1장을 우리 같이 읽어보실까요? 히브리서 1장에는 하나님의 거룩한 비전들로 가득 차있습니다. 제가 오늘 읽은 절은 7절입니다:

> 또 천사들에 관하여는 그는 그의 천사들을 바람으로, 그의 사역자들을 불꽃으로 삼으시느니라 하셨으되 (히 1:7)

그분의 사역은 "불꽃"(불)입니다! 오늘 아침에 이 말이 우리에게 주는 의미는 매우 심오합니다. 비전의 사람이라고 하더라도, 설사 그 비전이 성령으로부터 온 비전이라고 하더라도, 하나님을 위해 태우는 "불꽃"을 갖고 있지 않는 사람은 이 놀라운 구절에 담긴 뜻을 제대로 알 수 없습니다. 여기서 말하고 있는 "불꽃"(불)은 하나님이 하시는 것을 방해하는 모든 것들을 태우는 불꽃입니다.

"불꽃!"(불!) 영원한 불, 꺼지지 않는 불, 계속 타는 불, 바로 이러한 거룩한 마음속의 불은, 우리 모두를 부르시기 위해 이 땅에 오셨던 하나님의 아들 속에 있었던 불입니다. 하나님이 우리에게 원하시는 단 한 가지가 있다면 그것은 바로 우리가 그분을 위한 불꽃이 되는 것입니다! 나의 이 메시지의 중요한 점은 성령님께서는 예수를 왕으로 만드시기 위해 오셨다는 점입니다.

씨는 우리가 예수를 믿었을 때 우리에게 심겨진 영원한 생명의 씨입니다. 그 씨 속에는 부활 생명이 들어 있기에, 나는 그 씨로 인하여 하늘의 직위를 갖고 있는 새로운 피조물로 태어나서 성령께서 오시는 것을 감지할 수 있습니다. 성령님이 오시는 이유는 예수에게 왕관을 씌워주시기 위해서입니다. 그러므로 사랑하는 여러분들이여, 왕이 여러분 속에 계실 때에만 영광을 돌릴 것이 아니라, 그 왕이 여러분을 통해 밖으로 나타나실 때에도 그분에게 영광을 돌려야합니다.

저는 다음 사실을 알고 있습니다. 그러한 생각만이 당신으로 하여금 예수를 향한 불타는 감정을 일게 하고, 그분을 보길 원하는 간절한 염원을 지속시킬 수 있도록 해줍니다. 오, 그분께서 우리 속에서 일하시게 되고, 우리가 새로운 차원의 삶을 살게 될 때까지 우리를 녹이시고 긍휼로 우리를 뒤덮으시면 참으로 좋을 텐데요!

내가 여러분들에게 전하는 오늘 아침의 이 메시지에는 그 어떤 것이 들어있습니다. 하나님은 우리가 아무렇게나 되도록 하는 분이 아니십니다. 내가 보니 하나님께서 우리를 어떤 곳으로 데리고 가셔서 우리를 세우실 것 같은 데, 우리가 그 곳에 서게 되면, 우리가 가졌던 비전은 더욱 밝게 빛나게 되고, 주님은 최고로 아름다운 모습으로 영광 중에 나타나실 것입니다. 이때 그분의 영광은 자신에 대해서 죽고 그분에서 산 사람들의 영혼을 가득 채우게 될 것입니다.

죽음에 대해서는 할 말이 많습니다. (원래부터) 하나님 속 깊은 곳에 우리를 위해 죽겠다는 계획이 있었습니다. 하나님께서는 이제 그 계획대로 (우리를 대신해서) 죽으셨으므로, 그분의 죽음으로 인해 그분의 생명과 영광이 나타나는 것입니다.

나는 이집트에서 이탈리아로 여행하고 있을 때 하나님을 향한 "불 (불꽃)"(히 1:7)을 지니고 있었다는 확실한 증거를 갖고 있습니다. 사실을 말씀드린다면 그 불은 그때 배를 타고 있었을 때뿐만 아니라 내가 어디를 가든 나와 함께 있었습니다. 그때 내가 타고 있던 배에서 한사람이 갑자기 쓰러졌습니다. 그의 아내는 너무도 놀란 상태가 되었고, 다른 모든 사람들도 공황상태에 빠졌습니다. 어떤 사람이 그 사람이 곧 숨이 멎을 을 것 같다고 말했습니다. 오, 하나님의 불! 내속에 계시는 살아계시는 그리스도! 만일 하나님의 능력이 긴급히 필요한 이와 같은 위기 상황에 부딪쳤을 때, 하나님께 힘을 달라고 기도를 드리고 나서 그분의 임재가 느껴질 때까지 기다린다면 이미 때는 늦습니다. 성령의 세례를 받은 사람은 위기의 순간에 즉시 능력을 발휘할 수 있어야 합니다.

"오직 성령이 너희에게 임하시면 너희가 권능을 받고 예루살렘과 온 유대와 사마리아와 땅 끝까지 이르러 내 증인이 되리라 하시니라." (행 1:8)

여러분들 속에 있는 능력이 세상에 있는 능력보다 큽니다. 오, 우리 모두가 불신의 장소에서 잠이 깨어나 하나님을 위해 과감히 행할 수 있는 장소로 옮겨 갔으면 참 좋겠습니다! 그리고 축복의 성경 말씀의 권세 위에 설 수 있었으면 참 좋겠습니다!

저는 급히 쓰러져 있는 사람 속에 있는 귀신을 예수의 이름으로 꾸짖었습니다. 그러자 그 사람이 일어났습니다. 그의 아내도 놀라고 그 사람 자신도 놀랐습니다.

그 사람이, "이게 도대체 어떻게 된 거야? 내 몸 전체에 어떤 것이 느껴져. 나는 전에는 이렇게 느껴본 적이 한 번도 없었어."라고 말했습니다. 그가 그렇게 말한 이유는 하나님의 능력이 그의 머리끝에서부터 발끝까지 임해서 그를 흔들었기 때문입니다.

"때를 얻든지 못 얻든지 항상 힘쓰십시오." (딤후 4:2) 하나님께서는 이미 우리에게 마귀의 능력-대적의 모든 능력-을 제압할 수 있는 권세를 주셨습니다. 오, 우리가 그분의 영광만이 탁월한 곳에서 살 수 있다면 참으로 좋겠습니다!

나는 우리가 오늘 이 아침에 그분을 보게 될 수 있기를 바랍니다. 하나님께서 다음의 성경 구절을 통해 우리에게 말씀하십니다.

"이는 하나님의 영광의 광채시요 그 본체의 형상이시라. 그의 능력의 말씀으로 만물을 붙드시며 죄를 정결하게 하는 일을 하시고 높은 곳에 계신 지극히 크신 이의 우편에 앉으셨느니라." (히 1:3)

누구든지 "불꽃"이 될 수 있습니다. 이것은 사실입니다. 하나님을 높이십시다. 예수님은 우리 안에 계신 분이시고, 하나님의 형상의 표현이시며, 인간의 연약함을 지고 이 세상에 오셔서 우리를 하늘의 존재로 만들어 주신 분이십니다. 그 결과 우리는 그분의 능력을 힘입어 어려움을 넉넉하게 극복함으로 승리자 이상의 사람이 될 수 있습니다. 하나님께서는 우리가 승리자 이상의 존재로서의 삶을 살아가게 되기를 원하십니다.

사랑하는 여러분들이여, 오늘 이 아침 내가 여러분에게 말하고 있는 것으로 인해 나의 영혼이 불타고 있습니다. 성령의 세례가 나에게 내려와 나의 전 존재를 살라 먹고 있습니다. 성령님이 예수님을 왕으로 나타내시면, 그분의 거룩한 임재 앞에서는 그 어떤 것도 서있을 수 없게 됩니다. 그분 앞에서는 모든 것들이 시들어버립니다. 나는 이러한 사실들에 대해 깨달아가고 있는 중입니다.

내가 이곳에서 집회를 인도하는 이유는 성령의 유산을 받게 된 사람은 누구나 성령으로부터 이익을 취할 수 있다는 사실을 여러분들이 깨닫게 되도록 하기 위해서입니다. 주님을 찬양합니다! 성령 안에서 우리가 받은 모든 은사는 하나님의 도움이 없이는 절대로 올바르게 사용할 수 없습니다.

그분이 우리에게 주신 은사를 우리가 제대로 사용할 수 있도록 하시는 분은 그분이십니다. 우리는 악기로, 소리로, 성전으로 그냥 그대로 있기만 하면 됩니다. 그분이 성전을 채우십니다. 그분이 악기의 울림통을 울리십니다. 오, 이 얼마나 아름다운 사실인지요! 그분이 우리 안에 거하십니다! 그분은 살아 계셔서, 움직이시고, 계시해주고 계십니다. 그분은 우리가 슬픔을 잊을 수 있도록 해주시고, 우리가 "말할 수 없는 영광스러운 즐거움으로 기뻐하도록" 해주십니다. (벧전 1:8)

예수님은 "하나님의 영광의 광채시요 그 본체의 형상이십니다." (히 1:3) 우리는 말씀을 개인화하여야 합니다. 하나님께서 천사를 만드셨을 때 천사들이 노래할 수 있도록 만드셨습니다. 천국에서는 모든 천사들이 놀라운 왕께 순종합니다. 사랑하는 여러분들이여, 이 성경 말씀이 오늘 이 아침 여러분 모두가 개인적으로 다 경험하는 말씀이 되기를 원합니다.

나는 성경을 읽을 때, 마음에 와 닿는 성경 구절을 쳐다보며, "오, 주님, 이 말씀을 당신이 나에게 주시기만 한다면 이 말씀은 나의 것이 될 것입니다. 당신은 이 말씀을 나를 위해 만드셨습니다."라고 말합니다. 이것이 내가 그분과 대화하는 방식입니다. 그분은 이런 나의 하나님과의 대화 방식을 잘 이해하고 계십니다. 나는 이 세상에서 가장 목마른 사람입니다. 그분은 목마른 나와 여러분 모두들 위해 물을 특별히 저장해 놓으셨습니다.

우리는 때로는 주님께, "주님, 당신이 나에게 보여주신 그 어떤 것도 나를 충분히 감동시키지 못했습니다. 성경에 있는 것과 같은 일을 나에게도 행하세요. 사람들이 보고 깜짝 놀랄 일들을 나에게도 행해보세요."라고 말하거나, "더 큰 일들을 보여 주어서, 사람들을 놀라게 하세요." (요 5:20)라고 말합니다.

예수님께서 한 가지 목적을 위해 이 세상에 오셨습니다. 그것은 우리를 통해 나타나시는 주님을 세상 사람들이 보게 되도록 하는 것입니다. 우리는 거룩한 예수가 나타날 수 있는 타는 불과 불빛이 되어야 합니다. 우리는 차갑고 냉랭함을 통해서는 예수님의 그러한 목적을 이뤄드리는 삶을 살 수 없습니다.

나는 가끔 "좋은 소식이 있습니다."라고 말하는 사람을 만나곤 합니다. 우리의 오순절 계통에 속하는 사람들의 심령 속에는 항상 좋은 소식이 있어야합니다. 오, 나의 형제자매들이여, 여러분들은 그 좋은 소식을 항상 갖고 있으신 분들입니다. 여러분들을 약속의 땅에 들어가도록 하는 것이 그분의 목적입니다.

하나님께서 나의 내면을 불타게 하십니다! 이 얼마나 놀라운 내면의 열망인지요! 이런 경험은 바로 하늘을 맛보는 경험입니다!

우리는 더 많이 원합니다! 우리는 하늘의 기쁨을 더 많이 원합니다. 하나님께서 자신의 임재의 능력으로 우리 각 사람 위에 인을 치실 때까지 우리는 그러한 기쁨을 원합니다.

* * * * * * * * * *

그의 설교로부터 얻을 수 있는 생명을 주는 열쇠들

주님을 높입시다! 위에 기록된 위글스워스의 설교는 하나님의 마음으로부터 나온 강력한 설교입니다. 이 설교 말씀에는 오늘날을 살고 있는 우리의 삶에 적용한다면 얻을 수 있는 것이 많습니다. 이 설교를 통해 위글스워스가 말하고자 하는 것이 무엇인지 살펴보고 그 설교 말씀을 우리의 삶에 어떻게 적용할 수 있는지에 대해 알아봅시다. 이 설교의 중요점들이 무엇인지 조사해봅시다. "세상 종말시대의 하나님의 군대"와 관련된 위글스워스의 설교에 관한 열쇠(중요점)들이 무엇인지 알아봅시다.

열쇠 #1
기대 (EXPECTATION)

나는 성령 하나님께서 이러한 진리들을 우리의 심령 속에 부어주셔서, 우리가 기대의 높은 곳에서 살 수 있게 될 것이라고 믿습니다.

위글스워스는 "기대의 높은 곳", 하나님이 우리와 함께 거하시기 원하시는 높은 곳에서 살았습니다. 위글스워스는 자신의 설교를 기대와 함께 시작했습니다. 그 기대를 사람들이 하고 있을 때 그들이 하나님의

> 위글스워스는 하나님이 우리와 함께 거하시기 원하시는 높은 곳에서 살았습니다.

말씀을 잘 받아들이게 되고, 그 결과 그들의 믿음이 증가되어서 그들의 필요가 채워지게 된다는 사실을 위글스워스는 잘 알고 있었습니다.

  집회에 참석한 사람들이 이 집회는 예전 집회들과 같이 그렇고 그런 집회라고 생각하고 참석하는 것보다, 이 집회에는 하나님께서 역사하실 것이라는 기대를 갖고 참석하는 것이 훨씬 더 결과가 좋습니다.

  기대란 하나님이 당신을 만나주실 것이라는 열망과 확신입니다. 그러한 기대는 하나님이 움직이시는 길이요 교회가 역동할 수 있는 기초입니다.

  위글스워스는 이 설교에서 우리의 기대는 성령에 의해 우리의 심령 속에 새겨 질 수 있는 하나님의 진리로부터 출발함을 말해주고 있습니다. 기대는 긍정적인 사고를 통해 우리에게 들어오는 느낌이나 감동이 아니라, 우리가 하나님의 말씀을 공부하고 성령님과 교제를 할 때 생기는 직접적인 결과입니다.

  우리는 예배에 참석하기 전에 그러한 기대를 이미 마음에 품고 참석해야합니다. 그렇게 하면, 우리는 더 큰 축복과 기적을 받을 뿐 아니라, 우리의 기대로 인해 집회 전체 가운데 축복이 증가하게 됩니다.

  어떻게 우리의 삶 속에 기대가 증가되도록 할 수 있을까요? "믿음은 들음에서 나며 들음은 그리스도의 말씀으로 말미암습니다." (롬 10:17)

그분이 주신 모든 계시에 대해 그분께 감사드립니다. 받은 계시에 대해 묵상하십시오. 그 계시를 당신의 삶에 적용하십시오. 깨달은 대로 행하시기를 힘쓰십시오.

지적인 만족을 최우선적으로 추구하는 삶을 사는 대신에 성령님이 당신 속에서 믿음과 기대를 증가시키도록 하는 삶을 살도록 하십시오. "경계에 경계를 더하고 경계에 경계를 더하며 교훈에 교훈을 더하십시오."(사 28:13)

이 책을 통해 당신의 믿음이 자라나게 될 것과 성령께서 당신의 심령 속에 각각의 진리들을 깨우치도록 하실 것이라는 기대를 갖고 읽으십시오. 그러면 당신은 이 책을 통해 최대의 것들을 분명히 얻게 될 것입니다.

열쇠 # 2
하나님을 향한 목마름

하나님을 향한 목마름을 갖고 있는 사람만이 하나님의 일을 이루고자 하는 바른 열망을 갖게 됩니다.

위글스워스의 초반의 삶을 살펴보면 잘 알 수 있듯이, 그가 그토록 큰 사역을 이룰 수 있었던 이유는 그가 하나님에 대한 목마름을 어렸을 때부터 갖고 있었기 때문입니다. 사실 그는 하나님에 의해 쓰임을 받고 싶은 사람이라면 하나님에 대한 목마름을 반드시 갖고 있어야 한다고 자주 말해왔습니다. "하나님의 일을 이루고 싶어 하는 열정"을 가진 사람들만이 하나님 나라를 위해 세상을 뒤흔들어 놓을 수 있습니다. 그리고 그러한 사람들만이 그분을 위해 위대한 일을 성취할 수 있습니다.

우리가 하나님에 대해 목말라하고 배고파하면 그분과 깊은 관계를 할 수 있게 됩니다. 그러면 그분은 우리를 향한 그분의 계획을 펼치셔서 우리를 향해 이루시고자 하셨던 일을 이루어나가기 시작하십니다. 사람들로 하여금 하나님의 사람이 되도록 하는 자격을 부여하는 것은 그들이 하나님으로 받은 은사나 능력이 아니라 그들의 하나님을 향한 목마름과 배고픔입니다.

우리의 영혼의 적들은 우리가 하나님의 일을 하지 못 하도록 하기위해, 어떻게 해서라도 우리에게서 기름 부으심을 빼앗아 감으로 하나님을 위한 우리의 일의 효율성이 떨어뜨리고자 합니다. 적들이 그렇게 하는 이유는 위글스워스와 같은 하나님의 사람을 공격하여 해를 입히면 하나님 나라에 큰 해를 끼칠 수 있다는 사실을 잘 알고 있기 때문입니다. 그러므로 적들은 우리가 하나님에 대해 배고파하지 못하도록 하기위해 계속적으로 우리를 공격합니다. 적들이 사용하는 무기들은 매우 다양하여, 가령 예를 들면, 종교의 영, 무감각, 자만, 탈진 등이 있습니다. 그들은 우리의 하나님을 향한 우리의 사역의 효율성을 떨어뜨릴 수 있는 것들이라면 그 어떤 것이라도 주저하지 않고 사용합니다.

하나님으로부터 받은 은사가 출중한 듯 보이는 많은 그리스도인들이 하나님을 위해 열심히 일합니다. 그러나 그들의 사역은 하나님을 향한 목마름과 배고픔에 기인한 것이 아닌 경우가 매우 많습니다. 우리의 사역이 영적인 배고픔 이외의 것에 기초하여 세워진다면 그 사역은 힘이 없는 사역입니다. 우리는 사역에 대해 배고파해야 하는 것이 아니라 하나님 자신에 대해 배고파해야합니다.

하나님의 "사역"을 열심히 하는 잘못된 이유들 중에는 다음과 같은 것들이 있을 수 있습니다.

* 사람들이 알아주는 것에 대한 배고픔
* 교회 내에서 사람들이 자신을 받아들여주는 것에 대한 배고픔
* 다른 사람들을 조정하고 통제하는 것에 대한 배고픔
* 돈에 대한 배고픔
* 하나님의 일을 열심히 함으로 의롭게 되고자 하는 것에 대한 배고픔

이외에도 여러 가지 이유들이 있을 수 있습니다.

많은 사람들이 처음에는 하나님을 향한 배고픔이란 바른 동기로 출발하였다가도 나중에는 위에 열거한 잘못된 동기를 갖고 사역하게 되는 일들이 빈번하게 발생하고 있는 것이 사실입니다. 우리들의 순수한 처음 동기를 바르지 못한 동기로 바꾸도록 하는 것이 바로 사탄의 계획입니다. 우리가 하나님

의 일을 하기 원한다면 우리는 하나님 앞에 나아가 우리의 마음의 동기가 순수한지를 수시로 점검해 보아야합니다. 우리가 배고파하는 것이 정녕 무엇

> 우리 모두는 하나님을 향한 배고픔이 줄어들지 않도록 자신을 잘 지켜나가야 합니다.

인지를 계속적으로 확인보아야 한다는 말입니다. "이는 우리로 사탄에게 속지 않게 하려 함이라 우리는 그 계책을 알지 못하는 바가 아니로라."(고후 2:11)

우리 모두는 하나님을 향한 배고픔이 줄어들지 않도록 자신을 잘 지켜나가야 합니다. 그렇게 하기 위해 자기 자신을 완전히 새롭게 해야 할 사람들도 있을 수 있습니다. 하나님을 향한 열망의 불은 하나님과 대화(함께함, communion)함으로 옵니다. 그리고 하나님과의 대화는 항상 훈련(discipline)으로부터 시작됩니다. 우리의 의지와 마음과 감정 모두를 동원하여 그분만을 찾는 훈련을 해야 합니다. 그분을 계속적으로 찾고 그분의 능력을 간구하는 것을 계속해나가면, 결국 그분과의 교제(fellowship)가 증가하게 됩니다. 훈련과 열망은 서로 손을 잡고 같이 협력합니다. 훈련이 더 큰 열망을 낳고, 더 큰 열망이 또한 더 많은 훈련을 낳는 것입니다.

위글스워스는 인생의 종반부를 살 때에 새벽 4시면 어김없이 일어나 주님과 함께 교제하는 시간을 가졌습니다. 그가 이렇게 하는 것은 결코 그에게는 힘든 일도 아니었고, 억지로 하는 것도 아니었습니다. 그 속에 있는 하나님을 향한 열망이

매일 새벽 그를 깨운 것입니다. 그는 이런 새벽 시간을 그 어떤 시간들 보다 즐겼습니다.

말씀을 봄으로 주님을 지속적으로 구하십시오. 기도 골방에 들어가 성령 안에서 기도함으로 그분을 신실하게 찾고 구하십시오. 그분을 계속해서 찬양하고 경배하십시오. 그분을 전적으로 찾으십시오. 그러다 보면 결국은 그분의 일을 이루고 싶어 하는 거룩한 열망이 여러분의 마음 전체를 점령하게 될 것입니다.

열쇠 # 3
성령에 사로잡힘 (Possessed by the Spirit)

성령님께서 나를 장악하셨다(Holy Spirit got me)는 것을 알게 된 것은 말로는 이루다 형언할 수 없을 만큼 놀라운 사건이었습니다.

스미스 위글스워스가 여기서 지적하고 있는 진리는 매우 강력한 진리입니다. 그는 설교 시에 이 진리에 대해 자주 언급하였습니다. 그가 이 진리를 강력하게 선포할 수 있었던 이유는 그가 삶에서 체험한 진리이기 때문입니다. 그리고 이 진리는 이 책이 말하고 있는 주요한 주제들 중의 하나이기도 합니다.

성령을 갖고 사는 것(to possesses)과 성령에 점령되어 사는 것(to be possessed by the Spirit)은 엄연히 다릅니다.

성령이 다량으로 부어졌던 20세기 초에 이 세상에 사는 수백만 명의 사람들이 성령의 세례를 받았습니다. 이런 일이 일어난 것은 교회로 하여금 예수님의 신부가 되어, 왕 중 왕이신 예수의 재림을 준비하도록 하기 위함이었습니다. 위글스워스는 오순절의 마지막 날에 관한 메시지들을 전 세계를 다니며 전하였습니다. 그는 1907년 10월 28일에 성령으로 채움 받는 (infilling) 체험을 함으로, 영국에서 성령으로 채움을 받는 첫 사람이 되었습니다.

스미스위글스워스의 위대한 점은 그가 이러한 체험을 혼자만 간직하지 않고, 사람들에게 전해주었다는 점에 있습니다. 성령으로 채움 받는 것보다 진일보한 단계는 성령에 사로잡혀 성령에 의해 조정되는 삶을 사는 단계입니다. 하나님은 성령에 의해 완전히 장악된(consumed by) 사람을 쓰십니다. 그런 사람은 생각하는 것, 행동하는 것, 기도하는 것, 예배하는 것을 위시한 삶의 여러 가지 것들을 오직 성령이 지시하는 바에 따라(controlled by) 하는 사람입니다. 그런 사람은 자신의 삶을 사는 사람이 아니라 성령님의 삶을 사는 사람입니다.

나의 모든 생각과 행동이 성령 안에서만 이루어지는 삶을 삶으로, 나를 하나님께 번제물로 바치는 삶을 살고 싶습니다. 그래서 하나님을 기쁘게 해드리고 싶은 마음이 나에게 충일합니다. 그분만이 나의 절대적이고도 완전하신 유일한 권위자이십니다.

오늘날 많은 사람들이 악한 영들의 영향을 받으며 살고 있습니다. 정상적인 삶을 영위하는 것처럼 보이는 사람들 중에서 적지 않은 수의 사람들이 귀신들려서("demonized") 살아가고 있거나 적어도 삶의 일부분이 귀신에게 묶여서(being bound) 살아가고 있습니다. 삶의 일부분이 악한 영에 묶여 살아가고 있는 사람들은, 예를 들면, 술 중독의 영에 사로잡혀서 살아가거나, 분노의 영, 육욕의 영에 묶여 살아가고 있는 사람들입니다.

삶 전체가 악한 귀신들에게 장악되어 살아가고 있는 사람들은 그리 많지 않습니다. 그런 사람들은 보이지 않는 수용소에 갇혀, 귀신에 의해 줄의 한쪽 끝을 철창에 묶고 다른 한쪽 끝은 자신의 몸에 묶은 채 살아가고 있는 사람들입니다. 악한 귀신들이 사람들을 그렇게 묶어 놓는 이유는 그들을 자신의 마음대로 조정하기 위해서입니다. 한편, 성령을 받았다고 하는 많은 그리스도인들이 자신들이 하고 싶은 것들을 하며 살아가고 있습니다. 이런 사람들은 자신들의 삶의 일부분만 성령의 인도함을 받으며 살아가고 있는 사람들입니다. 그러나 자신의 삶 전체가 성령에 의해 점령당해(possessed) 살아가고 있는 그리스도인들은 매우 적습니다. 그런 사람들은 자신의 삶 전체를 성령에게 맡기고 살아가는 사람들입니다. "오직 자기의 하나님을 아는 백성은 강하여 용맹

> 하나님은
> 자기 자신을
> 완전히 다 포기하는
> 사람들을
> 찾고 계십니다.

을 떨치리라."(단 11:32) 성령에 의해 삶 전체가 점령당해 사는 사람은 항상 중보 기도를 하고, 성경 말씀에 집중하고, 그분의 음성을 잘 듣고 순종하며 살아가는 사람입니다.

성령을 받은 사람들은 삶 전제가 성령에 의해 점령당하여 살아가는 사람이 되는 것을 목표로 하고 앞으로 나아가야합니다. 교회는 교인들이 성령에 점령당해 살아가는 사람들이 될 수 있도록 해주어야합니다. 말세의 때에 이런 좋은 교회가 되기는 그리 쉽지 않습니다. 이런 좋은 교회가 되기 위해서는 뚫어야할 난관이 많이 있습니다. 어려움을 이겨내어야 합니다. 교회는 성령 받는 것에 만족하여 그 단계에 머무르지 말고 성령에 점령당해 살아가는 단계로 나아가는 교회가 되도록 노력하여야 합니다.

하나님은 자기 자신을 완전히 다 포기한 사람들을 찾고 계십니다. 그런 사람들은 말세에 있을 잃어버린 영혼들을 위한 마지막 추수 때에 위대한 세계적 대 부흥을 일으키는 하나님의 일꾼들 중 하나로 일하게 될 것입니다. 그들이 바로 말세의 하나님의 군대들입니다. 그들은 성령을 갖고 있지만 자신의 개인적인 기술과 개인적인 능력으로 일하는 사람들이 아니라, 성령에 사로잡힌 바 되어 오직 하나님의 능력으로 일하는 사람들입니다.

만일 당신이 이러한 하나님의 군대의 일원이 되고 싶다면, 온전히 헌신해야 합니다. 성령의 세례를 받아야합니다. 맨 먼저는 방언의 은사를 받아야합니다. 만일 아직 방언의 은사를 받지 못했다면, 그 은사를 달라고 하나님께 간구하십시오. 그러고 나서 방언의 은사를 가진 사람을 만나십시오. 방언의 은사를 가진 사람이 당신위에 손을 얹고 기도하게 하십시오. 그러면 당신의 부탁을 받은 그 사람은 당신이 방언을 받을 때까지 당신위에 손을 얹고 기도할 것입니다. 그 결과, 당신은 자신을 하나님께 온전히 바쳐, 마지막 시대에 하나님의 군대에서 하나님의 "불꽃"(히 1:7)으로 살아갈 수 있게 됩니다.

열쇠 # 4
"불꽃" ("Flames of Fire")

그분의 사역은 "불꽃"입니다!... "불꽃"! 영원한 불, 꺼지지 않는 불, 계속 타는 불, 바로 이러한 거룩한 마음속의 불은, 우리 모두를 부르시기 위해 이 땅에 오셨던 하나님의 아들 속에 있었던 불입니다.

창세기 3장에는 모세가 호렙산에서 하나님을 만나는 사건이 기록되어 있습니다. 모세가 "거룩한 땅"(holy ground)(5절)에 섰을 때에, 그는 놀라운 체험을 했습니다. 그 것은 바로 그가 불은 붙었으나 타지 아니하는 나무덤불을 본 것입니다. 하나님은 그런 식으로 자신을 모세에게 나타내셨습니다. 이와 마찬가지로, 하나님께서는 우리 속에서(in us) 계시면서, 우리를 통해서(through us) 세상 사람들에게 자기 자신을 드러내십니다.

"불꽃(불)"은 내적으로 타고 있는 하나님을 향한 사랑이고 열정과 열심이며, 그분을 향한 기도요 찬양입니다. "불"은 또한 마귀가 행한 짓들에 대한 의로운 분노이며, 하나님의 나라가 이 땅에서 이루어지고 또한 점점 확장되어 나가는 것을 보고 싶어 하는 거룩한 열망입니다. 이 불은 타지 않는 불입니다. 그 이유는 이 불은 하나님과의 친밀한 관계로 인해 붙여진 불이기 때문이고, 성령님과의 친밀한 교제라는 연료로 타는 마음속에 있는 불이기 때문입니다. 우리의 마음속에서 타는 이 불은 성령님이 공급하시는 연료로만 타는 불이기 때문에 꺼지지 않습니다. 만일 성령님이 공급하시지 않는 연료로 붙여진 불이 마음속에서 타고 있다면 그 불은 금방 꺼져버리게 됩니다.

위글스워스의 내면에는 꺼지지 않는 불이 타고 있었습니다. 이 불은 하나님을 향해 배고파하고 목말라함으로 붙여진 불이었고, 그분을 너무도 갈망하기 때문에 점화된 불이었습니다. 위글스워스는 자신의 하나님을 향한 이러한 내적갈망을 "천국을 맛본다.(a taste of the heavenlies)"라는 말로 자주 표현하였습니다.

영국의 위대한 부흥전도자 요한 웨슬리(John Wesley)가 공터에서 설교할 때면 수많은 사람들이 그 공터에 모여들었습니다. 한번은 어떤 사람이 그에게 그가 공터 설교에서 그토록 큰 성공을 거둘 수 있었던 이유가 무엇인지에 대해 물어보았습니다. 그러자 그는 여느 때와 마찬가지로, "나는 매일 아침 나를 태웁니다. 그리고 나를 찾아 먼 곳에서 온 사람들에게, 내가 타는 모습을 보여줍니다."라고 대답하였습니다.

"하나님이여 주는 나의 하나님이시라. 내가 간절히 주를 찾되 물이 없어 마르고 황폐한 땅에서 내 영혼이 주를 갈망하며 내 육체가 주를 앙모하나이다. 내가 주의 권능과 영광을 보기 위하여 이와 같이 성소에서 주를 바라보았나이다." (시 63:1-2)

매일 아침 여러분 자신을 태우십시오. 정직한 마음으로 그분을 구하심으로 "불꽃"이 되십시오. 그러면 사람들이 그 불꽃을 보러 먼 거리를 마다하지 않고 당신에게로 몰려오게 될 것입니다. "마음의 열망이 그러한 불꽃을 일으킵니다."

열쇠 # 5
준비된 삶 (To Live Ready)

만일 하나님의 능력이 긴급히 요청되는 위기 상황에 부딪쳤을 때, 하나님께 힘을 달라고 기도를 드리고 나서 그분의 임재가 느껴질 때까지 기다린다면 이미 때는 늦습니다. 성령의 세례를 받은 사람은 위기의 순간에 즉시 능력을 발휘할 수 있어야 합니다.

위글스워스는 어떤 위기 상황도 잘 대처할 수 있는 삶을 살아왔습니다. 그가 그렇게 할 수 있었던 이유는 항상 성령에 의해 장악된 삶을 살아왔기 때문입니다. 우리도 위글스워스로부터 배워 위기에 즉각 대처할 수 있는 삶을 살 수 있어야 합니다.

위글스워스가 위기의 순간에 능력의 행보를 내디딜 수 있었던 것은 그가 하나님에 대한 엄청난 배고픔을 유지하며 살아왔기 때문입니다. 그가 그렇게 할 수 있었던 것은 훈련

(discipline)의 결과입니다. 하나님에 대한 참된 배고픔의 열매와 증거는 훈련에 있습니다. 훈련은 평화의 때에 집을 짓는 것과 같습니다. 우리는 훈련을 통해 평화의 기간에 기도라는 집을 짓습니다. 위기의 상황에 처했을 때에야 그 상황에 잘 대처할 수 있는 하나님의 능력을 달라고 비로소 기도하는 것이 아닙니다. 우리가 평화의 때에 기도의 집을 잘 지어놓으면 위기의 때에 허둥대지 않아도 됩니다.

그러나 불행하게도 많은 사람들이 훈련을 통해 미리 대비하지 않고 살고, 위기 상황에 닥쳐서야 그 상황을 막기에 급급해하기 때문에 계획 위기를 맞는 삶을 살고 있는 것입니다. 그런 사람들은 승리의 삶을 지속시키기 위해 필요한 믿음을 지속적으로 개발하지 않는 사람들입니다. 우리가 필요로 하는 믿음은 다음과 같은 성경 말씀에 근거하여 세워진 믿음이어야합니다. "대저 경계에 경계를 더하며 경계에 경계를 더하며 교훈에 교훈을 더하며 교훈에 교훈을 더하되 여기서도 조금, 저기서도 조금 하는구나 하는도다." (사 28:10)

믿음은 매일 세워 나가야합니다! 예수님께서도, "나를 따라오려거든 자기를 부인하고 날마다 제 십자가를 지고 나를 따를 것이니라."(눅 9:23)라고 말씀하셨습니다. 매일이지 매주가 아닙니다. 주일(일요일)날만이 아니라, 매일입니다. 우리가 매일 믿음을 세워나가야, 위기 상황에 잘 대처할 수 있게 됩니다. 일주일에 한번만 믿음을 세우면 나약한 삶을 살 수밖에 없다는 사실을 기억하십시오!

매일 믿음을 세워 나가는 것, 매일 자신을 부인하며 살아가는 것, 매일 성경을 읽고 묵상하는 것, 매일 하나님 앞에 나아가 그분을 기다리고 그분께 경배를 드리는 것들이 습관이 되도록 하는 훈련을 받아야합니다. 또한 그분을 더 많이 구하는 것을 매일 해야 합니다. 이러한 훈련을 매일 지속적으로 할 때 비로소 하나님을 위해 실질적인 일들을 수행하는 삶을 살 수 있게 됩니다. 하나님을 위한 당신의 "불꽃"은 항상 타야 하고, 어느 때라도 탈 준비가 되어 있어야합니다.

위글스워스는 이러한 삶을 살기 위해 준비하는 훈련의 삶을 매일 살았습니다. 그는 하나님의 임재를 항상 사모하는 삶을 사람이었기에 항상 타는 하나님의 불꽃일 수 있었습니다. 그러므로 그는 언제라도 능력을 나타낼 수 있었고 언제라도 하나님을 섬길 수 있었던 것입니다. 여러분들도 위글스워스처럼 훈련의 삶을 매일 산다면 그가 나타냈던 능력을 언제라도 나타내며 살 수 있습니다.

많은 젊은이들이 위글스워스에게 어떻게 그런 위대한 믿음의 삶을 살 수 있는지에 대해 질문을 하곤 하였습니다. 그때마다 위글스워스는 성경에 있는 다음과 같은 말씀을 제시함으로 그의 대답을 대신하였습니다. "땅이 스스로 열매를 맺되 처음에는 싹이요 다음에는 이삭이요 그 다음에는 이삭에 충실한 곡식이라."(막 4:28) 능력을 나타낼 수 있는 믿음은 하루 만에 만들어지지 않습니다. 일주일에 칠일, 일 년 365일을 매일 같이 훈련하는 삶을 살아야 그런 믿음이 만들어집니다.

열쇠 # 6
예수님이 통치하시는 때 (When Jesus Reigns)

성령님이 예수님을 왕으로 나타내시면, 그분의 거룩한 임재 앞에서는 그 어떤 것도 서있을 수 없게 됩니다.

위글스워스는 성령 안에서의 삶을 전하였을 뿐만 아니라 전한대로 살았습니다. 그가 전한 성령의 삶이란 성령이 자신의 전 삶과 전 존재를 완전히 먹어버리는(eat up the whole of my life) 삶입니다. 즉 성령에 의해 완전히 장악된 삶입니다.

그는 자주 이렇게 말했습니다. "예, 하나님에 의해 채움을 받으세요(filled with God). 예, 하나님에 의해 채움을 받으세요."[2] 위글스워스는 "그는 흥하여야 하겠고 나는 쇠하여야 하리라."(요 3:30)라는 세례 요한이 한 말을 자주 하였습니다. 그는 다음에 쓰여 있는 삶의 원칙을 일생동안 준수하며 살았습니다.

나를 나타내면, 하나님은 안 나타나신다.
나를 조금 나타낼수록, 하나님은 더 많이 나타나신다.
나는 전혀 나타내지 말고, 하나님만 나타내자.[3]

성령 세례의 목적은 예수를 우리의 삶의 왕으로 만드는 것입니다. 예수가 우리의 삶에서 명목상의 왕이 아닌, 실제의 왕이 되시기 위해서는, 우리가 성령 세례를 받음으로 인해 성령이

"우리의 전 존재를 완전히 잡아먹어야합니다(eat up whole of my life)." 성령님께서 우리를 완전히 장악하도록 우리가 허락할 때 우리는 그런 삶을 살 수 있습니다.

위글스워스는 성령에 의해 사로잡힌 삶을 살았기에, 가장 시급한 성령님과의 교제가 끝나지 않았으면 절대로 병자 치유를 위한 기도를 하지 않았습니다. 그가 그렇게 까지 한 것은 그는 성령과의 교제를 통해 자신이 확실히 죽고, 그의 안에 계신 그리스도가 사역을 해야 제대로 된 사역을 할 수 있다는 사실을 그는 너무도 확실히 알고 있었기 때문입니다. 그는 그렇게 되지 않으면 하나님의 능력이 나타날 수 없다는 사실을 그 누구보다 더 잘 알고 있었습니다. 이 얼마나 놀라운 사실(실체, reality)인지요.

위글스워스는 성령 세례에 대해 설교하였을 뿐만 아니라 사역 현장에서 성령의 세례의 증거와 능력들이 설교한 그대로 일어났습니다. 오늘날 성령 세례에 대한 것들이 위글스워스가 보여준 것들과는 너무도 동떨어져있다는 사실이 우리의 가슴을 아프게 합니다. 교회에서 성도들에게 가르치고 설교하는 대로의 삶을 교회의 지체들이 살 수 있게 되어야 옳습니다.

* 교회에서 믿음에 대해 가르치고 설교하면, 교인들의 믿음이 증가되는 일이 일어나야 합니다.
* 교회에서 치유에 대해 가르치고 설교하면, 아픈 교인들이 고침받는 일들이 일어나야 합니다.

＊ 교회에서 하나님의 자녀가 받는 축복에 대해 가르치고 설교하면, 교인들의 삶이 풍요로워지는 일이 일어나야 합니다.

이와 같은 원칙은 성경에 있는 하나님의 모든 약속들에 대해 동일하게 적용됩니다. 성경은 "믿음은 들음에서 나며 들음은 그리스도의 말씀으로 말미암았느니라."(롬 10;17)라고 말하고 있습니다. 어떤 사람이 성경의 어떤 특정한 하나님의 약속의 말씀에 대한 믿음을 매일의 삶을 통해 키워나가는 훈련을 계속하면, 결국 그러한 약속이 그의 삶을 통해 이루어지는 일이 일어나야 정상입니다. 그러나 만일 우리가 하나님의 말씀의 어떤 부분에 대해서 듣기를 거부하면, 우리의 믿음이 세워지지 않기 때문에 하나님의 약속이 우리 삶에서 이루어지지 않게 되는 것은 당연하지 않겠습니까?

교회에서 하나님이 말씀하시는 진리에 못 미치게 가르치거나 설교하면, 교인들은 하나님의 진리에 못 미치는 정도의 삶만 살게 됩니다. 요한 웨슬레는 그에게 훈련받는 젊은 설교가들에게 자주, "교인들이 확실한 믿음을 얻게 될 때까지 교인들에게 믿음에 대해 설교하는 것을 결코 게을리 하지 마십시오. 만일 당신이 확실한 믿음의 삶을 살면서 설교한다면 당신의 설교를 통해 믿음은 그냥 흘러나오게 됩니다."[4] 웨슬레는 이러한 원칙에 대해 잘 알고 있었습니다. 그의 설교를 통해 사람들에게 믿음이 들어갔고, 그 자신의 설교를 통해 웨슬레 자신에게도 믿음이 들어갔습니다. 그는 그러한 일들이 사람들에게 일어나도록 하기위해 평생을 애쓰며 살았습니다.

이 책이 목적하는 바는 전 세계의 모든 그리스도인들이 이 위대한 사람인 위글스워스의 설교를 듣도록 하는 것입니다. 스미스 위글스워스의 설교를 진지한 태도와 열린 영으로 듣는다면, 이를 통해 그의 믿음, 헌신, 능력, 거룩함과 그가 받았던 성령 세례가 평신도든 목회자든 가릴 것 없이 그의 설교를 진지하게 받아들이는 모든 사람들의 삶에도 재현되는 역사가 일어나게 될 것입니다. 그 결과 그들의 거룩한 삶에 하나님이 개입하셔서 그들의 거룩한 삶의 수준이 올라가게 되는 일이 일어나게 될 것입니다.

위글스워스가 전하였고 살았던 성령 세례의 삶에 대한 이해가 되셨다면, 당신도 그러한 삶을 살 수 있다는 희망을 가지십시오. 그렇게 사는 것을 매일 소망하며 사십시오. 그렇게 사는 것이 여러분의 삶의 비전이 되게 하십시오. 그리고 그러한 삶이 이루어질 때까지 절대로 포기하지 마십시오. 그러한 삶을 배고파하십시오. 하나님께 그러한 삶을 살게 해달라고 기도하십시오. 예수가 여러분의 삶의 전 분야의 왕이 되도록 하기위해 성령이 여러분 전부를 지배하도록 허락하십시오!

예수님께서 한 가지 목적을 위해 이 세상에 오셨습니다. 그것은 우리를 통해 나타나시는 주님을 세상 사람들이 보게 되도록 하는 것입니다. 우리는 거룩한 예수가 나타날 수 있는 타는 불과 불빛이 되어야합니다.

제 2 장

"주님, 제가 무엇을 하기
원하십니까?"

시작하는 글
급한 전보 (An Urgent Telegram)

위글스워스는 사역의 초반에 그가 사는 곳으로부터 약 200마일 정도 떨어진 어떤 도시로 빨리 와서 어떤 여자를 위해 기도해달라는 급한 전보를 받았습니다. 그는 전보를 받자마자 가능한 빨리 그 도시로 갔습니다.

그가 도착하자 그는 그가 기도해주어야 할 여자가 귀신에 사로잡혀 대단한 분노를 표출하고 있다는 사실을 알게 되었습니다. 그녀의 부모들과 그녀의 남편은 이러한 상황에 어찌할 바를 모르고 있었습니다. 그들은 심지어 그녀가 낳은 어린 애를 그녀에게 데리고 가서 젖을 먹이도록 하는 것조차도 허락하지 못하였는데, 그 이유는 그녀가 젖을 먹이다가 애기에게 해를 가할지 몰라 두려워했기 때문이었습니다.

가족들이 방금 도착한 위글스워스를 그녀가 있는 위층으로 인도하였습니다. 그녀의 방에서 다섯 명의 남자들이 그녀를 붙들고 있었습니다. 그녀는 육체적으로 볼 때 매우 약하였음에도, 악한 영이 그녀를 장악하자 다섯 명의 남자들이 힘을 합쳐도 다루기 힘들 정도의 힘을 발휘하였습니다.

위글스워스가 그녀가 있는 방으로 들어가자, 악한 귀신들에게 사로잡힌 그녀는 위글스워스를 뚫어져라 바라보며, "우리는 숫자가 많아, 우리는 숫자가 많아."라고 소리를 질러댔습니다.

위글스워스는 마음을 가다듬고 나서, 그녀를 향해, "예수님은 할 수 있어. 예수님은 세상이 있는 자보다 크신 분이야."라고 했습니다.

그러자 그녀 속에 있던 귀신들이 "이 여자는 우리 편이야. 우리는 이 여자를 포기할 수 없어!"라고 집이 떠나갈 정도의 큰 소리로 반복하여 소리 지른 후 소름끼치도록 웃었습니다.

그러나 위글스워스는 이러한 소리에 전혀 기죽지 않고 그 여자를 향해, "조용히 해. 예수의 이름으로 명하노니, 너 더러운 귀신들아 이 여자에게서 나와!"라고 명령하였습니다.

그러자 안 나오려고 발버둥 치던 37마리의 귀신들은 그녀에게 마지막 경련을 일으키더니 각자 자기의 이름을 대며 차례대로 나왔습니다. 귀신들은 예수의 이름이 가진 권세 앞에 자신이 장악하고 있던 영역을 순순히 내어준 것입니다. 그러자 그녀는 귀신에게서 완전히 해방되었습니다.

온 몸에 기운이 빠질 때로 빠진 그 여자는 목욕을 가볍게 하고 나서 친절한 남편의 손을 잡고 침대에 눕더니 14시간 동안이나 잠을 잤습니다. 그녀가 잠든 사이에 그녀의 가족들은 하나님의 사랑과 능력을 체험한 것을 기뻐하였습니다.

그 다음 날 아침, 귀신에게서 풀려난 이 아름다운 여자는 자기의 애기에게 젓을 먹인 후, 위글스워스와 그녀의 남편과 부모가 하나님께서 자신을 귀신에게서 풀려나게 해주신 것을 기념하기 위해 준비한 축하 모임에 참석하였습니다. 이 모임에서 그들은 서로 식사를 나누면서, 하나님의 사람으로서 아무 사례비도 받지 않고 이 먼 곳까지 와서 자신들을 섬겨준 위글스워스에게 감사하다는 말을 하였습니다.5)

"주님, 제가 무엇을 하기 원하십니까?"

"주님, 제가 무엇을 하기 원하십니까?"라는 제목의 위글스워스의 설교를 제대로 이해하기 위해서는 먼저 그가 어렸을 때 어떠한 삶을 살았는지에 대해 아는 것이 좋습니다. 우리는 이러한 이해를 통해 그의 설교가 그의 삶에서 나온 설교라는 사실을 알게 될 것입니다. 그는 설교한 대로 산 사람입니다. 그러므로 그의 설교에는 사람들을 움직이는 힘이 있습니다.

위글스워스의 삶 : 그의 초반의 삶 (계속)

그가 살았던 초기의 삶의 가장 큰 특징 중의 하나는 그는 무슨 일을 하든지 항상 하나님을 섬기기 원했고 하나님에 의해 쓰임받기를 원했다는 점입니다. "주여 제가 무엇을 하기 원하십니까?"가 그가 하나님께 묻는 일상적인 물음이었습니다. 그는 항상 하나님의 종으로서의 태도를 견지하며 살았습니다.

너희 중에 큰 자는 너희를 섬기는 자가 되어야 하리라. (마 23:11)

위글스워스는 불을 토해내듯 듯이 설교하는 위대한 설교가였지만, 어렸을 때 그는 사람들 앞에서는 전혀 말하지 못하였습니다.
그가 구세군에서 설교하였을 때 그의 표현과 문장 실력은 엉망이었고, 이로 인해 그는 때로는 울면서 설교를 끝내었던 적이 한두 번이 아니었습니다. 누가 보아도 하나님이 그를 절대로 설교자로 부르셨을 리가 없다고 확신할 수밖에 없을 정도로 말을 잘하지 못하였던 것입니다. 그의 어렸을 때의 소원은 말을 분명히 하고 잘하는 것이었습니다. 그러나 그는 그렇게 할 수 없었습니다. 비록 말에서는 엉망이었지만, 그는 깨어진 마음과 겸손한 태도를 소유한 사람이었습니다. 하나님께서는 그의 그런 마음과 태도를 사용하신 것이지, 그의 말하는 능력을 사용하신 것이 아닙니다.
그는 젊은 시절에 구세군에 소속하여 온 몸과 마음 바쳐서 일했습니다. 그가 구세군에 그토록 그의 힘을 쏟아 부은 이유는 그 당시의 구세군은 그들의 모든 힘을 복음을 전하는 데 쏟아 부었기 때문이며, 이것은 위글스워스의 비전과 일치하였습니다.
그 당시 그가 속한 구세군은 브래드포드(Bradford)에 한 극장을 빌려 저녁 집회들을 열고 있었는데, 어느 날 그는 극장 안에서 아름다운 한 여자가 자신을 구원해 달라며 하나님께 기도드리고 있는 모습을 유심히 지켜 보았습니다. 그 여자의 이름은 폴리 훼더스톤(Polly Featherstone)이었는데, 그 여자는 나중에 위글스워스에게 글을 가르쳐주고, 그가 사역을 할 수 있도록 용기를 주었습니다. 그리고 그 여자는 하나님의 계획에 따라 위글스워스와 결혼하게 됩니다.

위글스워스는 그녀가 간증하는 것을 듣고 나서, 그녀가 자기의 사람이 될 것이라고 확신하게 됩니다. 폴리는 쾌활하고 외향적인 성격의 여자였습니다. 그녀는 얼마 후 곧 많은 사람들을 그리스도에게로 인도하는 사람이 되었고 이어서 훌륭한 복음 설교자가 되었습니다. 많은 사람들이 그녀가 인도하는 예배와 성경 공부 모임에 참석하였습니다. 그녀는 위글스워스가 갖고 있던 주님을 향한 부담감과 동일한 부담감을 갖고 있었습니다. 이 두 사람은 만난 지 5년이 지난 1882년 어느 날 결혼하였습니다.

스미스 위글스워스와 폴리는 팀을 이루어 사역하였습니다. 폴리는 말을 잘하지 못하는 남편에게 언젠가는 설교를 할 수 있게 될 것이라며 계속 용기를 북돋아주었습니다. 이에 위글스워스는 설교하려는 노력을 멈추지 않았습니다. 그러나 어느 날 그는 자신 속에 생각을 입으로 표현 할 능력이 전혀 없는 사람이라는 사실을 깨닫고는 매우 절망하였습니다. 어떤 경우에, 그는 일주일간 계속해서 기도하며 설교를 준비하기도 하였습니다. 그러나 설교단에 서면 몇 개의 단어만 속으로 중얼거릴 뿐, 자신의 마음에 있는 말을 한 단어도 말로 표현하지 못하곤 하였습니다. 그럴 때면 참다못한 폴리나 다른 사람이 그를 대신해서 설교하곤 하였습니다.

그는 그토록이나 표현력이 부족하였지만, 그 속에서 타고 있는 하나님을 향한 열심만은 결코 식는 법이 없었습니다. 위글스워스는 그의 아내의 역할은 설교를 통해 물고기를 그물 안에 집어넣는 것이고, 그의 역할은 기도를 통해 그물 속에 든 물고기들이 구원의 확신을 갖게 되도록 하는 것이라는 말을 자주 할 정도였습니다.

그는 아내와 힘을 합하여 포래드포드 거리 선교 교회(Bradford Street Mission)를 세웠습니다. 그는 이 교회를 세운 후, 이 교회에서 그가 할 수 있는 것은 그 어떤 궂은일이라도 마다하지 않고 하였습니다. 그는 토요일 낮에는 교회 밖으로 나아가 사람들을 전도하였고, 토요일 저녁 기도 모임에 참석하였고, 주일에는 아침 일찍 일어나 교회에 가서 난로를 피우거나, 교회 바닥을 청소하거나, 의자에 앉은 먼지를 닦으며, 의자에 앉게 될 사람들을 위해 일일이 기도하였습니다. 그리고 교회 교인들이 교제할 탁자들을 정리하거나, 예배 시간이 되기 전에 기도를 함으로 예배를 준비하였습니다.[6]

주일 저녁 예배가 끝나면 교인들이 개인 사역들을 받기 위해 설교단 앞으로 나아가곤 하였는데, 이때 위글스워스는 사람들에게 개인 사역들을 해주었습니다. 그리고 그는 그 동네에 사는 어린이들을 조랑말에 태워 교회에 데려 오는 일도 하였습니다. 주님을 위한 일이라면 그 어떤 궂은 일도 마다 않고 하는 그의 섬김을 통해, 전 세계를 상대로 펼쳐질 그의 강력한 사역의 기초석이 놓여 진 것입니다.

그의 치유 사역은 주님을 섬기고자하는 이와 같은 강한 열망으로부터 태동되었습니다. 그는 한동안 매 주마다 리즈(Leeds)라는 그가 살고 있는 도시 옆에 있는 영국 북쪽의 한 도시로 가서, 그가 하고 있던 배관공 사업에 필요한 물품들을 사온 적이 있습니다. 그는 그 도시에 갔을 때 그 도시의 한 곳에서 하나님의 치유를 가르치고 병자들에게 치유 사역을 해주고 있다는 사실을 알게 되었습니다. 그는 이러한 사실에 대해 처음에는 의심을 하고 비판을 하였지만, 그의 마음속에는 병들고 가난한 사람들을 불쌍하게 여기는 마음이 가득하였습니다.

그는 그 당시 배관공으로 성공적인 사업을 하고 있었기에, 자기 돈으로 아프지만 가난하여 병원에 갈 수 없는 자기 동네 사람들을 리즈라는 도시로 데리고 가서 치유 사역을 받을 수 있도록 해주었습니다. 그는 매주 화요일 치유 집회에 참석하고 싶어 하는 사람들을 모아 그들을 리즈에서 열리는 치유 집회에 데리고 갔습니다. 리즈에서 치유 집회를 인도하고 있던 사람들은 위글스워스의 이러한 신실한 태도들 쭉 지켜본 후, 그에게 만일 그가 원하기만 한다면 그가 사는 브래드포드에서도 그와 동일한 치유 사역을 그 스스로가 할 수 있도록 도와주겠다고 말해주었습니다. 그러나 위글스워스는 그 자신이 치유 사역을 할 수 있다는 사실을 전혀 믿지 않았습니다. 그래서 그는 브래드포드에 사는 병자들을 리즈로 데리고 가는 일만 계속하였습니다.

어느 날 리즈의 사역자들이 사역지를 잠시 떠나 케스윅 집회(Keswick Convention)에 참석하지 않으면 안 될 일이 발생하였습니다. 위글스워스는 이때 이들의 빈자리를 채우기 위해 다른 사람이 설교하게 될 것이고, 자신은 그저 부수적으로 도움을 주는 일만 할 것으로 생각했습니다. 그러나 실제는 그의 생각대로 되지 않았습니다. 모든 사람들이 위글스워스가 설교를 포함한 모든 일을 다 담당해야 된다고 주장하였습니다. 그래서 그는 어쩔 수 없이 설교를 하게 되었습니다.

그가 설교를 끝내자 15명이 사역을 받겠다고 설교단 앞으로 나갔습니다. 이에 위글스워스는 당황하였습니다. 그가 그들에게 해주어야 할 일은 기도 밖에는 없었습니다. 그래서 그는 믿음으로 그들에게 다가가 그들이 낫게 해달라고 기도하였습니다. 그런데 놀랍게도 그가 치유 기도를 처음으로 해준 사람의 병이 나았습니다! 이 사람은 목발을 의지하지 않으면 걸을 수 없었던 사람이었는데, 위글스워스가 이 사람을 고쳐달라는 기도를 마치자 그 사람이 고침을 받았습니다. 그는 그 다음 사람에게로 가서 그 사람에게 손을 대는 순간 그 사람도 병이 나았습니다. 이런 식으로 그는 그 시간 그 자리에서 여러 명을 고쳤습니다. 그의 치유 사역은 이렇게 해서 시작된 것입니다. 이렇게 시작된 그의 치유 사역을 통해 전 세계에서 수만 명의 사람들이 고침을 받았습니다.

위글스워스의 치유 사역은 그 어떤 학식이 많은 사람들이 제시한 모범이 되는 치유 사역으로부터 나왔거나, 치유 기술을 누구에게 배움으로 나온 것이 아닙니다. 그의 치유사역은 병든 사람들을 향한 깊은 동정심과 하나님을 위해 살고자 하는 순수한 열망으로부터 나왔습니다. 우리가 이 장을 통해 알아가고 있듯이, 위글스워스의 삶과 사역은, 모든 진실한 하나님의 사역이 다 그러하듯, 오직 하나님을 섬기고자 하는 순수한 열망으로부터 나왔습니다.

예수님께서는, "너희 중에 큰 자는 너희를 섬기는 자가 되어야 하리라."(마 23:11)라고 말씀하셨습니다. 이러한 예수님의 신선한 진리가 오늘날의 그리스도의 몸된 교회들에 회복되어야합니다. 남녀를 불문하고 모든 그리스도인들은 교회와 세상에서 자신들의 직위를 추구하고 사람들로부터 인정을 받고 싶어 하는 마음을 내려놓고, 하나님의 최고의 섬김이가 되기 위해 노력해야합니다. 우리에게서 사람들의 눈에 뜨이고 싶어 하고 마음과 사람들의 인정을 받고 싶어 하는 열망들이 사라져야합니다. 우리의 영원하신 섬김이이신 그리스도의 섬김만을 본받는 참된 교회들이 생겨나야합니다. 그래서 이 상처받아 죽어가고 있는 세대들을 치유하고 살려내는 교회가 되어야합니다.

만일 당신이 하나님이 당신을 최대한도로 사용하시는 삶을 살기 원하신다면, 다음의 진리를 절대로 놓치지 마십시오. "무슨 일을 하든지 마음을 다하여 주께 하듯 하고 사람에게 하듯 하지 말라."(골 3:23) 우리가 가진 모든 시간과 능력과 기회들을 최대한 사용하여, 주님을 섬기듯 사람들을 섬기십시오. 그렇게 하는 것이 하나님의 능력을 타나내는 삶을 살 수 있는 유일한 열쇠입니다.

스미스 위글스워스는 이렇다할만한 재주가 거의 없이 태어난 사람이었습니다. 그는 재주가 남보다 많아서거나 능력이 남보다 많아서 하나님의 일을 하기 시작한 사람이 아닙니다. 그는 남들이 보기에 크게 볼만한 것이 없었지만, 자신이 가진 작은 자질과 능력을 아낌없이 하나님을 위해 드리는 삶만은 평생 동안 지속하였습니다. 그 결과 그는 위대한 복음 전도 사역자로 나아갈 수 있게 되었습니다. 성경에 나와 있는 달란트의 비유에서, 주인은 작은 달란트를 신실하게 사용한 종에 대해 다음과 같이 말합니다.

> 착하고 충성된 종아 네가 적은 일에 충성하였으매 내가 많은 것을 네게 맡기리니 네 주인의 즐거움에 참여할지어다. (마 25:23)

예수님의 이러한 가르침은 위글스워스의 삶을 통해 명백하게 증명되고 있습니다. 오, 우리도 위글스워스와 같은 충성된 종의 태도를 가져야합니다. 그래서 하나님께서 우리를 통해 그분의 나라를 이 땅에 마음껏 건설해 나가실 수 있도록 해드려야 합니다.

다음에 나와 있는 스미스 위글스워스의 설교로부터 많은 것들을 얻기 위해 나는 여러분들에게 먼저 사도행전 19장을 읽기를 강권합니다.

* * * * * * * * *

"주님, 제가 무엇을 하기 원하십니까?"
스미스 위글스워스의 설교

바울이 하늘로부터 내려오는 강력한 빛을 보자 "주님, 제가 무엇을 하기 원합니까?"(행 9:6)라고 물어보았습니다. 바울이 자신의 계획을 하나님 앞에 내어드리자 하나님께서는 그의 필요가 채워지도록 하시기 위해 그에게 자신의 능력을 보이셨고, 그 후에 그를 사용하실 수 있으시게 되었습니다.

오, 사랑하는 여러분들이여, 여러분들도 오늘 이 시간에, 바울처럼 "주님, 제가 무엇을 하기 원하십니까?"라는 말을 할 수 있는 사람들이 되었으면 좋겠습니다.

하나님은 우리가 내려놓음의 자리(the place of yieldedness)로 나아가길 원하십니다. 사람들은 많은 경우, "나는 성령 세례를 원해. 나는 치유를 원해. 나는 내가 하나님의 자녀라는 사실을 확인하고 싶어."라고 말하곤 합니다. 그러나 나는 그렇게 말하는 사람들에게서 하나님의 계획에 자신을 내려놓는 사람들은 한 사람도 볼 수 없었습니다.

바울도 나와 같은 경험을 사람입니다. 그가 사람들 위에 손을 얹는 순간, 사람들이 성령으로 가득 채워져서 방언을 말하고 예언을 하는 일이 일어났습니다. (사도행전 19:6을 보십시오.) 이런 일들이 우리 삶 속에서도 일어나도록 하기 위해 우리가 해야 할 것은 단지 하나님이 우리 안에 들어오실 수 있는 상태가 되도록 하는 것뿐입니다.

오늘날 하나님께서 우리에게 원하시는 단 한 가지는 순종입니다. 양보하시려면 하나님께 양보하십시오. 그분은 당신을 위한 계획을 갖고 계십니다. 당신이 놀랍고도 좋은 가나안에 이르게 되면, 당신은 그곳에서 생산되는 열매들을 먹을 수 있게 됩니다. 바울과 그와 함께한 사람들은 그와 같은 하나님의 곳에 이르렀기 때문에, 그들에게는 아시아에 복음을 전할 수 있는 사역의 길이 곧바로 열리게 된 것입니다.

형제자매 여러분들이여, 이것이 바로 하나님의 부르심입니다. 오, 오늘 이 시간 하나님께서는 여러분들 중의 어떤 사람들의 마음을 휘저어 순종의 마음을 갖도록 하고 계십니다. 여러분이 하나님의 명령을 받아 중국으로도 갈 수 있고, 아니면 인도나 아프리카로 갈 수 있습니다. 그러나 하나님이 가장 원하시는 것은 바로 순종입니다.

"주님, 제가 무엇을 하기 원하십니까?" (행 9:6, 원문 역자 직역)

하나님이 바울의 손으로 놀라운 능력을 행하게 하시니 심지어 사람들이 바울의 몸에서 손수건이나 앞치마를 가져다

가 병든 사람에게 얹으면 그 병이 떠나고 악귀도 나가더라. (행 19:11-12)

　하나님께서는 언제든지 하나님을 위한 여러분의 사역이 시작될 수 있도록 하실 수 있으십니다. 그러나 당신이 그분께 자신을 온전히 내려놓지 않으면 그분이 시키시는 바른 사역은 결단코 시작되지 않습니다. 바울은 자신을 내려놓기 전에는 많은 그리스도인들을 감옥에 집어넣는 일을 하고 있었습니다. 그러나 하나님께서 그의 마음이 깨어지고 자신의 계획을 다 내려놓는 상태에 이르게 하시자 그때야 비로소 그는 "주님, 제가 무엇을 하기 원하십니까?" 라는 말을 할 수 있게 되었습니다.

　바울은 예수 그리스도를 위한 몸종(bondservant)이 되기로 결단하였습니다. 사랑하는 여러분들이여, 당신들은 하나님이 당신을 온전히 사용하시는 것을 허락하기 위해 당신의 계획을 오늘 다 내려놓으시겠습니까? 하나님께서는 바울에 관하여, "그가 내 이름을 위하여 얼마나 고난을 받아야 할 것을 내가 그에게 보이리라."(행 9:16)고 말씀하셨습니다. 바울은 하나님이 맡기신 일을 고난을 뚫고 완성하며 나갈 때, "우리가 잠시 받는 환난의 경한 것이 지극히 크고 영원한 영광의 중한 것을 우리에게 이루게 함이니라."(고후 4:17)라고 고백하였습니다.

　하늘로부터 내려오는 하나님의 만지심을 고대하며 이 집회에 참석하신 여러분들이여, 여러분들도 바울처럼 그분을 따르기를 원하십니까? 여러분들이여, 그분께 순종하시렵니까?

탕자가 돌아왔을 때, 그의 아버지는 살찐 송아지를 잡아 축제를 열었지만, 그의 형은, "내가 여러 해 아버지를 섬겨 명을 어김이 없거늘 내게는 염소 새끼라도 주어 나와 내 벗으로 즐기게 하신 일이 없더니"(31절)라며 자신의 분노를 표출하였습니다. 그는 언제라도 자신이 원하는 때에 살찐 송아지를 잡아 먹을 수 있었음에도 그렇게 하지 않았던 것입니다. 사랑하는 여러분들이여, 아버지의 집에 있는 모든 것이 우리의 것입니다. 그러나 순종을 통해서만 그것들이 우리 손에 들어오게 됩니다. 그분이 우리를 신뢰하기만 하면, 그분은 우리를 위해 그 어떤 것도 아끼지 않으십니다.

"하나님이 바울의 손으로 놀라운 능력을 행하게 하셨습니다."(행 19;11) 그의 손에 들린 손수건을 주목해 봅시다. 그가 손수건을 손에 들어 병자들을 향해 뻗었을 때, 하나님께서 손수건을 통해 특별한 기적을 일으키셔서, 병자들의 병이 떠나가고 귀신들이 나가는 일들이 일어났습니다. 참으로 놀라운 일이지 않습니까?

만일 내가 손수건 위에 손을 얹고 기도한 후 그 손수건을 가지고 가서 아픈 사람위에 올려놓으라고 어떤 사람에게 지시하면, 그 사람은 그 손수건에 대해 의아해 하며 조금은 겁먹은 태도로 조심스럽게 그 손수건을 병자에게로 갖고 갈 것입니다. 그러나 그 손수건을 가져가서 믿음으로 아픈 사람위에 얹게 되면 그 사람의 병이 낫게 되는 일이 일어납니다. 여러분들이 진정으로 믿기만 하면, 여러분이 그 손수건을 가지고 있는 동안에 여러분의 병이 낫는 일이 일어납니다.

어느 날 어떤 여자가 나에게 와서, "내 남편 때문에 내가 못 살겠어요. 그 인간이 첫 봉급을 받는 날, 술로 봉급을 다 써버렸어요. 그러고 나서는 직장을 그만두어 버렸습니다. 내가 그 사람을 매우 사랑하긴 합니다. 내가 어찌해야 합니까?"라고 물어보았습니다.

나는 그 여자에게, "내가 만일 당신이라면, 손수건을 가져다가 그 사람이 자는 머리맡에 밤새 두겠습니다. 그리고 그 사람에게는 아무 말도 하지 않겠습니다. 이런 일을 하면 남편이 변화될 것이라는 믿음을 갖고 그렇게 하겠습니다."라고 말했습니다.

그러고 나서 나는 예수의 이름으로 손수건 위에 기름을 부었습니다(anointed). 그녀는 그 손수건을 가져다가 그녀의 남편이 잠자는 밤에 몰래 남편의 머리맡에 두었습니다. 오, 사랑하는 여러분들이여, 이러한 방법이 통했습니다.

그 다음날 아침 그는 일하러 가는 도중에 한잔하기 위해 가던 길을 멈추고 맥주 집에 들렀습니다. 그런데 그가 맥주 컵에 입을 데는 순간, 뭔가 잘못되었다는 생각이 들어 컵을 내려놓고 맥주 집 밖으로 나갔습니다. 그리고 그는 다른 술집으로 갔습니다. 그리고 다시 같은 이유로 그 술집을 나왔습니다. 그 다음에 다른 술집으로 갔습니다. 그러나 동일한 일이 일어났습니다. 결국 그는 정신이 말짱해서 집으로 돌아올 수밖에 없었습니다.

그의 아내가 술 취하지 않고 집으로 돌아온 남편을 보고 놀랐습니다. 그는 아내에게 그날 술잔을 입에 대려고 하던 순간 반복적으로 일어났던 이상한 일들에 대해 다 말해주었습니다. 이러한 경험은 그 사람의 인생이 반전하는 계기를 마련해주었습니다. 그는 술을 끊었을 뿐 아니라, 구원을 받아 예수를 믿게 되었습니다.

하나님께서는 오늘 우리의 믿음이 변하기를 원하십니다; 그분은 우리가 애쓰거나 열심히 일함으로 믿음이 증가하는 것이 아니라고 말씀하십니다.

아버지께서 친히 너희를 사랑하신다. (요 16:27)

(그분께서) 우리의 연약한 것을 친히 담당하시고 병을 짊어지셨도다. (마 8:17)

수고하고 무거운 짐 진 자들아 다 내게로 오라 내가 너희를 쉬게 하리라. (마 11:28)

여러분들 중에 바울과 같은 삶을 살고 싶은 분은 누구이십니까? 여러분들 중에 누가 하나님께서 그 사람에게서 능력이 흘러나와 병들고 고통받는 사람들을 고칠 수 있게 되기까지 자신을 내려놓고, 내려놓고, 또 내려놓을 수 있는 사람이 되길 원하십니까?

여러분에게서 흘러나오는 것은 마땅히 하나님의 능력이어야 합니다. 손수건 자체에 마술을 부리는 능력이 있다고 생각하면 오산입니다. 그렇게 생각하면 하나님의 능력을 놓치게 됩니다. 믿음이 있는 사람의 살아있는 믿음을 통해 하나님의 능력이 손수건 위로 옮겨지는 것입니다. 하나님을 높입니다. 오늘 우리가 이러한 살아있는 믿음을 갖게 되길 원합니다. "예수의 피의 능력은 그 힘을 잃는 법이 절대로 없습니다."
우리가 예수와의 접촉을 계속하는 한, 놀라운 일들은 계속 일어납니다. 우리가 하여야 할 것은 단지 그분께 더 가까이 가는 것입니다.
이와 관련된 다른 반대편의 이야기가 성경에 이렇게 기록되어 있습니다.

돌아다니며 마술하는 어떤 유대인들이 시험삼아 악귀 들린 자들에게 주 예수의 이름을 불러 말하되 내가 바울이 전파하는 예수를 의지하여 너희에게 명하노라 하더라.... 악귀가 대답하여 이르되 내가 예수도 알고 바울도 알거니와 너희는 누구냐 하며 (행 19:13, 15)

예수의 이름으로 제가 호소하는 마음으로 성령 세례를 받은 사람들에게 말합니다. 하나님께서 여러분들과 함께 하신다면, 여러분은 능력을 갖고 있는 것입니다. 그러나 그 능력이 나타나도록 하려면 여러분과 예수님과 사이에 닮은 점이 있어야합니다.
귀신이 "내가 예수도 알고 바울도 알거니와 너희는 누구냐?"라고 말했습니다. 바울은 그리스도와 공통점이 많았던 사람입니다.

그분의 임재 없이는 그 어떤 것도 이루려고 해서는 안 됩니다. 그분의 임재가 여러분을 변화시킵니다. 주 예수의 표식(marks)이 없이는 어려분의 그 어떤 시도도 무위로 끝나게 됩니다.

하나님의 일을 하려면 하나님의 능력을 갖고 있어야합니다. 귀신들은 그리스도 없이 행하는 능력은 우습게봅니다. 그렇게 때문에 귀신이, "내가 예수도 알고 바울도 알거니와 너희는 누구냐?"라고 말한 것입니다. 능력을 잘못 행하는 이 사람들과 예수의 차이는 그리스도의 표식이 있고 없고의 차이입니다. 이 사람들이 행하는 능력은 결코 그리스도의 능력이 아니었던 것입니다.

여러분, 능력을 원하십니까? 능력을 올바르게 받으십시오. 여러분이 방언할 수 있게 되었다고 주님의 능력을 가졌다고 오해하지 마십시오. 하나님께서 여러분에게 그 어떤 것에 관련하여 계시를 주셨다고 해서 주님을 능력을 받았다고 오해하지 마십시오. 설사, 여러분이 손을 얹어 기도한 병자가 나았다고 당신에게 하나님의 능력이 있다고 생각해서는 안 됩니다. 예수님께서는 "주의 성령이 내게 임하셨다."(눅 4:18)고 말씀하셨습니다. 하나님께서 임하게 하심으로 받은 능력만이 바른 능력입니다.

속지 마십시오. 성령을 받아야 하나님의 일을 바르게 할 수 있습니다. 성령이 주는 능력만이 행사되어야합니다. 성령의 능력이 나타남을 통해 사람들이 주님을 믿게 됩니다.

무엇이 사람들로 하나님의 약속들을 진리로 받아들이게 할까요? 사랑하는 여러분들이여, 오늘 제가 하는 말을 받아들이십시오. 하나님께서는 여러분들이 영으로 사역하는 자들이 되길 원하십니다. 이 말은 하나님의 능력으로 사역하라는 말입니다. 여러분이 하나님의 영을 갖고 있다면, 하나님의 능력이 임하면 그 능력을 감지 할 수 있게 되고, 능력이 나가면, 그것 또한 감지할 수 있게 됩니다.

한 젊은 러시아인이 영국에 왔습니다. 그 사람은 영국 말을 몰랐지만 신속하게 배워서 익혔습니다. 그 후 하나님께서 그를 사용하셨고 그는 하나님의 축복을 받았습니다. 그에게서 하나님의 능력이 나타났기 때문에, 사람들은 그의 능력의 비밀을 알고 싶어서 그에게 몰려들었습니다. 그러나 그는 그에게 능력이 나타나는 것은 자신과 하나님만 알고 있어야하는 비밀이라고 생각하여 사람들에게 그 비밀에 대해 말해주지 않았습니다. 그러나 사람들이 자꾸 말해달라고 하자 그는 하는 수 없이 사람들에게 다음과 같이 말해주었습니다.

먼저, 하나님이 나를 부르십니다. 그분의 임재가 너무도 귀하기에 나는 하나님이 나를 부르실 때마다, 그분에게 순종하고, 나를 내려놓고, 내려놓고, 또 내려놓습니다. 그러면 결국 나는 그 어떤 능력이 나를 감싸고 있다는 사실을 감지하기에 이릅니다. 그러면 하나님께서 나의 말과 생각을 포함한 나의 삶의 모든 분야를 장악하시게 되는 일이 일어납니다. 그러면 내가 아니라 내안에 계신 그리스도가 나를 통하여 일하시게 됩니다.

여러분들 중에 하나님께서 여러분들을 부르셨고 또 부르셨다는 사실을 알고 있는 분이 얼마나 됩니까? 그분께서는 그분의 손을 여러분 위에 얹으셨음에도 여러분들은 자신을 아직도 내려놓지 못하고 있지는 않으십니까?

여러분들 중에 과연 얼마나 많은 분들이 여러분 속에 있는 하나님의 능력의 숨결을 느끼고 계십니까? 여러분 속에 계신 분이 여러분들에게 기도하라고 말씀하시는데도 여러분은 죄를 고백하지 못하고 계속 실패의 삶을 살고 있지는 않습니까?

어떤 사람으로부터 와달라는 연락을 받고 제가 어느 날 오후에 어떤 사람의 집으로 갔습니다. 그리고 그 집 문 앞에서 한 사람을 만났습니다. 그 사람이 나에게, "나의 아내가 8개월간이나 침대에서 내려오지 못하고 습니다. 그녀의 몸에 마비가 왔기 때문입니다. 나의 아내는 당신이 오기만을 학수고대하고 있습니다. 그녀는 당신을 통해 하나님이 자기를 일으켜 줄 것이라고 믿고 있습니다."라고 말했습니다.

나는 그녀가 있는 방으로 들어가 침대에 누워있는 그녀를 향해 마귀를 꾸짖었습니다. 그러자 그녀가, "내가 고침을 받았습니다. 당신이 집으로 가신 후에 내가 침대에서 일어나겠습니다." 라고 나에게 말했습니다.

그녀에 관한 그 어떤 소식도 듣지 못한 채 나는 그 집에서 나온 후 나의 숙소로 돌아왔습니다. 내가 그날 밤 집회를 인도하고 있는데, 어떤 사람이 갑자기 일어나더니 할 말이 있다고 하였습니다. 그 사람이 그렇게 말 한 것은 자신이 타고 집으로 가야 할 마지막 기차를 놓치기 전에 나에게 할 말을 꼭 하고 싶었기 때문입니다.

그 사람은, "나는 이 도시에 매 주일마다 한 번씩 오는 사람입니다. 나는 이 도시에 있는 아픈 병자들을 거의 다 방문합니다. 내가 자주 방문하는 여자 병자가 한명 있는데, 나는 이 여자 때문에 아주 힘들었습니다. 이 여자는 몸에 마비가 와서 여러 달을 침대에 누워있기만 하였습니다. 그런데 내가 오늘 그 여자의 집을 방문하였는데 그 여자가 일어나 집안일을 하고 있는 것입니다. 참으로 놀라운 사실입니다." 라고 말했습니다.

내가 여러분들에게 이 말을 해드리는 이유는 여러분들이 예수를 바라보시게 되기를 원하기 때문입니다.

한번은 제가 집에 있는데 한 청년으로부터 매우 아프다는 편지 한통을 받았습니다. 그 청년은 다리가 아픔에도 불구하고 우리가 하고 있던 선교 사역에 동참하여 몇 년 동안 봉사해준 적이 있는 청년이었습니다. 그 청년은 신발을 신는 대신에 다리에 가죽을 감고 다녔습니다. 그런데 하나님께서 그날 그 청년의 다리를 고쳐주셨습니다.

그로부터 삼년이 지나고 나자 그 청년에게 어떤 일이 일어났습니다. 무슨 일인지는 저도 몰랐습니다. 그러나 사실 그의 심장이 급격히 약하게 된 것입니다. 그는 아무 힘이 없게 되었습니다. 일어날 수도 없고 옷을 입을 수도 없고 자신을 위해서 그 어떤 일도 할 수 없게 된 것입니다. 그래서 그 청년은 여동생을 불러 자신이 아는 사람들에게 자신을 위해 기도해 달라고 부탁하는 편지를 쓰게 하였습니다.

나의 아내는 나보고 그 청년에게 가보라고 하였습니다. 내 아내는 그러면 하나님께서 그 청년을 고쳐주실 것이라고 믿었습니다. 나는 갔습니다. 그 동네에 있는 모든 사람들이 모두 내가 오기만을 고대하고 있었습니다. 그들은 모두 내가 그 집으로 들어가면 그 청년이 낫게 될 것이라고 말했습니다.

내가 도착했을 때 그 집에 있는 여자에게 "내가 왔습니다." 라고 말했습니다.

"네, 그러나 너무 늦었습니다." 라고 그 여자가 말했습니다.

"그 청년이 아직 살아있긴 합니까?" 라고 내가 물었습니다.

"네, 목숨만 겨우 붙어있습니다." 라고 그 여자가 대답했습니다.

나는 방안으로 들어가 그 청년의 머리에 손을 얹고는 "마틴!" 하며 그 청년의 이름을 불렀습니다.

그 청년은 가늘게 숨을 쉬며, "이 자세에서 조금이라도 움직이면 나는 죽게 된다고 의사가 말해주었어요."라고 간신히 말했습니다.

"성경에 '내 육체와 마음은 쇠약하나 하나님은 내 마음의 반석이시요 영원한 분깃이시라.' (시 73:26)라고 쓰여 있다는 사실을 아십니까?"라고 내가 물어보았습니다.

그 청년이, "내가 일어나 볼까요?" 라고 물어보았습니다.

"주님, 제가 무엇을 하기 원하십니까?"

나는 "아직은 아닙니다."라고 말했습니다.

그날 나는 그 청년을 위해 기도를 하고 그 청년에게 말씀을 읽어주며 하루를 보냈습니다. 나는 그 집에 크나큰 불신이 있다는 사실을 알았습니다. 그러나 마틴 청년만은 치유에 대한 믿음을 갖고 있음도 알았습니다. 그의 여동생은 정신병자 수용소에서 갓 나온 상태였습니다. 하나님께서는 나로 하여금 기도하며 그 집에 머물도록 하셨습니다.

내가 가족들에게, "마틴이 입을 옷을 마련해 놓으십시오. 그 청년이 일어나게 될 것이라고 나는 믿습니다."라고 말했습니다. 내가 그렇게 말할 때 나는 가족들 속에 있는 불신을 감지하였습니다.

나는 작은 예배당으로 가서 그 곳에 있는 사람들과 같이 마틴을 위해 기도했습니다. 그러자 나와 같이 기도한 그 사람들도 마틴이 낫게 될 것이라는 믿음이 생겨나게 되었습니다.

나는 그 청년의 집으로 돌아와, 가족들에게 "마틴이 입을 옷을 마련해 놓았습니까?"라고 물어보았습니다.

그들이, "아니요."라고 했습니다.

그래서 내가 그들에게 "당신들이 이 집에 임할 하나님의 역사를 가로 막을 작정이십니까?"라고 물어보았습니다.

그리고 나서 나는 마틴이 혼자 있는 방으로 가서, "나는 하나님께서 오늘 새 일을 행하실 것을 믿습니다. 나는 또한 내가 당신 위에 나의 손을 얹으면, 하나님의 영광이 이곳을 채우게 될 것이라고 믿습니다."라고 말했습니다.

그리고 나서 나는 아버지와 아들과 성령의 이름으로 그 청년에게 나의 손을 얹었습니다. 그러자 갑자기 주의 영광이 그 방을 가득 채웠습니다. 이 때 나는 방바닥에 쓰러졌습니다.

그 청년이 일어나서 방문을 열었습니다. 방문 앞에 그의 아버지가 서있었습니다. 그 청년은 자기의 아버지에게, "아버지, 주님이 나를 일으켜주셨습니다."라고 말했습니다. 이 말을 듣고 아버지는 방바닥에 쓰러져 자신을 구원해 달라고 소리를 질렀습니다.

정신병자 수용소에서 갓 나온 그 청년의 여동생도 그 집에 임한 하나님의 능력에 의해 순간적으로 완전히 고침을 받았습니다.

하나님은 하나님의 능력이 임하면 우리가 알고 있는 것보다 더 큰일을 행하신다는 사실을 우리가 알고 있기를 원하십니다. 치유의 능력 뿐 아니라 구원의 능력도 함께 이 집에 임한 것입니다. 그러므로 여러분들이여, "주님, 제가 무엇을 하기 원하십니까?"(행 9:6) 라는 말을 할 수 있는 사람들이 되십시오.

여러분들은 넉 달이 지나야 비로소 추수할 때입니다(요한복음 4장 35절을 보십시오.) 라고 말할 수도 있습니다. 그러나 여러분들이 예수님의 눈으로 보게 된다면, 이미 추수할 때가 다 되었다는 사실을 깨닫게 될 것입니다.

마귀는 여러분들에게 믿음이 전혀 없는 사람이라고 말할 수도 있습니다. 그런 마귀에 대해 거짓말하지 말라고 말하십시오. 성령님께서는 여러분들을 통해 예수님이 나타나시게 되는 삶이 여러분의 삶의 목적이 되기를 원하십니다. 오, 이제 여러분들은 예전의 여러분들이 아니기를 간절히 원합니다!

우리 위에 운행하고 계시는 성령님께서 우리가 그분을 닮을 수 있도록 해주십니다. 그래서 우리는, "주님, 제가 무엇을 하기 원하십니까?" 라는 말을 할 수 있게 됩니다.

* * * * * * * * *

그의 설교로부터 얻을 수 있는 생명의 열쇠들

위글스워스의 이 메시지에는 우리의 것으로 만들 수 있는 좋은 것들이 많이 있습니다. 위글스워스의 이 설교에 나와 있는 주요한 내용들에 대해 조사해 나갈 때에, 위글스워스에게 말씀하셨던 하나님의 말씀을 여러분이 받아들일 수 있도록 여러분의 영을 열어놓으십시오. 그가 전한 생명의 열쇠들이 여러분을 그리스도의 깊은 곳으로 데리고 가도록 허락하십시오.

열쇠 # 1
순종과 내려놓음 (Obedience and Yieldedness)

하나님은 우리가 내려놓음의 자리(the place of yieldedness)로 나아가길 원하십니다. 사람들은 많은 경우, "나는.... 원해. 나는.... 원해. 나는.... 하고 싶어."라고 말하곤 합니다. 그러나 나는 그렇게 말하는 사람들에게서 하나님의 계획에 자신을 내려놓는 사람들은 한 사람도 볼 수 없었습니다.

하나님께서는 당신의 인생에 대한 계획을 갖고 계십니다! 당신은 하나님께서는 당신의 인생에 대한 계획을 갖고 계시다는 사실을 가슴 깊이 간직하고 있어야합니다. "여호와의 말씀이니라. 너희를 향한 나의 생각을 내가 아나니 평안이요 재앙이 아니니라. 너희에게 미래와 희망을 주는 것이니라."(렘 29:11) 천국의 기록보관소에는 창세전에 만들어진 청사진이 있습니다. 그 청사진은 당신의 성공에 관한 청사진입니다. 당신이 하나님께 자신을 내어드리기만 하면, 그분은 그 청사진을 펼치셔서 그 청사진대로의 삶을 살아가게 해주십니다.

* 당신이 성령으로 세례 받게 되는 것이 하나님의 뜻이요 계획입니다.
* 당신의 병이 치유되는 것이 하나님의 뜻이요 계획입니다.
* 당신이 구원의 확신을 갖게 되고 위대한 믿음의 소유자가 되는 것이 하나님의 뜻입니다.
* 당신이 성령 안에서 풍요로운 삶을 사는 것이 하나님의 뜻입니다.

당신이 당신의 뜻을 내려놓으면 하나님의 뜻이 당신의 삶을 통해 이루어지는 일들이 일어납니다. 예수님께서는 이러한 원리를 잘 아셨기 때문에 "(하늘) 나라가 임하시오며 뜻이 하늘에서 이루어진 것 같이 땅에서도 이루어지이다."(마 6:10)라고 기도하셨던 것입니다. 그러나 불행하게도 우리는 하나님의 계획이 아닌 나의 계획으로 하나님의 일을 이루려고 하다가 하나님의 일을 가로막곤 합니다. 그렇게 될 수밖에 없는 이유는 인간의 관점에서 하나님의 일을 이루려하기 때문입니다.

그리스도께로 나아갈 생각은 하지 않고, 교육과 경험에 우리 자신을 온통 투자합니다. 우리는 20년, 30년, 40년 혹은 그 이상을 투자한 대로 살 수 밖에 없습니다.

우리가 우리 자신의 삶을 그리스도께 드리기로 결정한 때부터, 우리는 변화된 인생길을 가기 시작합니다. 즉 "마음을 새롭게 함으로 변화를"(롬 12:2) 받는 삶을 살아가기 시작합니다. 하나님의 방법과 말씀에 자신을 내려놓음으로, 우리의 생각과 마음은 예수 그리스도의 생각과 마음으로 점령되기에 (captive to), 우리는 더 이상 이 세상의 노예가 되어 살지 않습니다.

모든 생각을 사로잡아 그리스도에게 복종하게 하니 (고후 10:5)

하나님의 말씀을 아는 것과 하나님의 말씀에 점령되는 것은 엄연히 다릅니다. 당신은 세상에 점령되는지 하나님의 말씀에 점령되든지, 이 둘 중의 하나를 선택해야 합니다.

지속적인 순종과 내려놓음을 통해서만 삶에 변화가 일어납니다. 이 방법 외에 다른 방법은 없습니다. 여러분이 평생 동안 계속해서 교회에 출석할 수는 있겠지만, 평생 말씀을 배우고 기도하고 찬양할 수는 있겠지만, 그런다고 해서 당신이 세상에 점령당한 삶에서 탈피하는 것은 결코 아닙니다. 그리스도에게 점령당하는 삶을 살기 위해서는 반드시 자신을 내려놓고 매 순간 하나님이 보여주시는 대로 사는 순종의 삶을 살아나가야 합니다.

성경은 "순종이 제사보다 낫고 듣는 것이 숫양의 기름보다 낫다."(삼상 15:22)고 말합니다. 평생 동안 여러분이 하나님을 위해 희생의 삶을 산다고 하여도 순종하지 않으면 결코 승리할 수 없고 여러분들을 향한 하나님의 계획을 발견 할 수 없습니다. 당신이 주님께 "주님, 내가 당신을 사랑합니다."라고 계속 말할 수 있습니다. 그러나 성경은 그렇게 말하는 당신에게, "하나님을 사랑하는 것은 이것이니 우리가 그의 계명들을 지키는 것이라."(요일 5:3)라고 가르쳐줍니다. 우리가 하나님께 순종하는 것은 그분께 우리의 참 사랑을 표현하는 것입니다.

오늘 하나님께서 당신을 하나님에 대한 순종의 더 깊은 곳으로 당신을 데리고 가시기를 원합니다. 당신이 구체적으로 어떠한 순종을 하나님께 해왔는지를 보여 달라고 기도하십시오. 그러면 당신은 변화를 삶을 살게 될 것이고, 당신을 향한 하나님의 계획을 이루어 나가는 삶을 살게 될 것입니다.

열쇠 # 2
단순하게 믿음 (Simply Believing)

만일 내가 어떤 사람에게 손수건 위에 손을 얹고 기도한 후 그 손수건을 가지고 가서 아픈 사람위에 올려놓으라고 지시하면, 그 사람은 그 손수건에 대해 의아해 하며 조금은 겁먹은 태도로 조심스럽게 그 손수건을 병자에게로 갖고 갈 것입니다. 그러나 그 손수건을 가져가서 믿음으로 아픈 사람위에 얹게 되면 그 사람의 병이 낫게 되는 일이 일어납니다.

다음과 같은 격언은 위글스워스로부터 나온 격언입니다. "하나님이 말씀하셨고, 나는 그 말씀을 믿습니다. 그게 전부입니다."7) 여기서 우리는 하나님의 진리를 온전히 받아들이는 위글스워스를 보게 됩니다. 그는 사도행전에서 하나님께서 사도들을 어떻게 사용하셨는지를 배웠습니다. 그는 하나님의 말씀을 아무런 의심 없이 단순하게 믿었고 믿은 대로 행동하였습니다. 그의 사역은 바로 그러한 순종과 믿음의 결과였습니다.

그는 하나님의 말씀을 지성을 사용하여 쪼개거나 분석하지 않았고, 말씀 속에 깔린 의미를 알려고 말씀을 해독하지도 않았습니다. 그는 인간의 생각으로 하나님의 말씀을 의심하는 것을 제일 싫어했습니다. 그는 하나님이 하신 말씀을 그대로 믿었습니다. 그 결과 그의 사역을 통해 수없이 많은 기적들이 일어났고 그의 사역은 전 세계로 퍼져나갔습니다. 그는 믿음으로 손수건을 사용하였던 사람입니다.

바울이 고린도 교회의 사람들에게 "너희 마음이 그리스도를 향하는 단순함(simplicity)에서 떠나 부패할까 두렵다."(고후 11:3, 역자 영어 원본 직역)라고 편지하였습니다. 이 성경 구절이 주는 의미는 매우 중요합니다! 그 의미는 "단순히 믿기만 하라." 입니다. 단순히 믿기만 하라는 명령이 오늘날을 살아가는 우리 그리스도인들에게도 적용되어야만 합니다. 우리는 지금 모든 것을 자꾸 복잡하게 만들려고 하다가 정작 중요한 단순함의 믿음은 놓치고 살아가고 있습니다.

이 점과 관련하여 우리는 제 삼 세계에서 특히 기적들이 많이 일어난다는 사실에 주목해야 합니다. 제 삼 세계에서 사는 사람들 중에는 학교에 다녀본 사람들이 별로 없습니다. 그 곳에 사는 사람들은 서구 국가들 보다 교육 수준이 매우 낮습니다. 그런대도 그들에게 기적이 많이 나타나는 이유는 무엇일까요? 여러 가지 이유들이 있겠지만, 나는 가장 중요한 이유가 제 삼 세계에 사는 사람들은 기적이 일어나서 자신들의 병이 치유될 것이라는 사실을 의심 없이 믿는 단순한 믿음을 가지고 있기 때문이라고 생각합니다. 그러나 지나칠 정도로 공부를 많이 한 서구의 사람들은 생각이 너무도 분석적이어서 그들의 삶에 기적이 일어난다는 믿음을 수용하지 못하고 있습니다.

예수님도, "천지의 주재이신 아버지여 이것을 지혜롭고 슬기 있는 자들에게는 숨기시고 어린 아이들에게는 나타내심을 감사하나이다."(마 11:25)라고 기도하신 적이 있습니다. 인간들의 그 잘난 지혜와 거만함으로 인해 영적인 일들이 수없이 가로막혀 있습니다. 우리는 단순함을 회복해야 합니다.

어떤 사람들은 위글스워스가 배우지 못하고 예의바르지 못한 사람이라고 비난하였지만, 그는 이에 아랑곳 하지 않고 평생 동안 성경 외에는 그 어떤 책도 읽지 않았습니다. 그가 위대한 믿음의 사람이 될 수 있었던 이유는 그는 오직 성경을 통해서 오는 지식만 습득하였기 때문입니다.

우리 가족들이 다 모여 서로 이야기를 나누고 있었을 때, 매우 교육 수준이 높고 말을 잘하는 어떤 친척이 나를 걱정하는 듯이 내가 그 전에 비해 매우 단순해졌다는 말을 나에게 한 적이 있습니다. 사실 나는 교육을 많이 받은 사람이고 매우 심사숙고하며 살았던 사람입니다. 나는 그의 걱정스런 듯 보이는 충고의 말에 대해, "내가 예수에게 나의 삶을 드렸을 때, 나는 나의 모든 것을 그분께 드렸습니다. 나의 지성도 드렸습니다. 나는 그가 말한 것을 단순히 믿기 위해 노력하고 있습니다." 라고 대답했습니다.

**다음과 같은 격언은 위글스워스로부터 나온 격언입니다.
"하나님이 말씀하셨고, 나는 그 말씀을 믿습니다. 그게 전부입니다."**

위글스워스는 단순한 믿음이 얼마나 강력한 힘을 발휘하는지를 자신의 삶을 통해 사람들에게 여실히 증명해 보여주었습니다. 그는 그의 생각을 포기하는 대신에 하나님의 말씀에는 온전히 순종하며 살았습니다. 그러므로 그는 하나님의 성령을 그토록 많이 소유할 수 있었습니다. 그가 그토록 많은 능력을 타나낼 수 있었던 비밀이 바로 이점에 숨어 있었던 것입니다.

위글스워스가 살았던 내려놓음의 삶을 우리 모두가 살 수 있었으면 참 좋겠습니다. 우리는 우리 삶의 모든 분야에서 하나님을 찾으며 살 수 있어야합니다. 우리는 "내 생각이 다르다고 해서, 하나님, 당신이 하신 말씀에 의문을 품는 사람이 되고 싶지 않습니다. 당신이 말씀하신 대로 믿고 싶습니다. 당신의 말씀과 나의 상황을 비교해 가며 이리 빼고 저리 분석하는 일을 이제 그만두겠습니다. 당신의 견해에 나의 견해를 첨가하지 하지 않겠습니다. 당신이 하신 말씀을 단순하게 받아들이고, 나에게 하라고 명령하신 대로 순종하는 삶을 살겠습니다."라고 기도할 수 있어야합니다.

만일 당신이 단지 수개월 동안이라도 그렇게 기도하고, 기도한 대로 살려는 노력을 지속한다면, 당신의 믿음에 엄청난 변화가 올 것이고 그 결과 당신의 삶은 달라질 것입니다. 단순히 믿기만 하십시오(Simply believe).

열쇠 #3
예수를 닮음 (Resembling Jesus)

예수의 이름으로 제가 성령 세례를 받은 사람들에게 호소하듯 말합니다. 하나님께서 여러분들과 함께 하신다면, 여러분은 능력을 갖고 있는 것입니다. 그러나 그 능력이 나타나도록 하려면 여러분과 예수님과 사이에 닮은 점이 있어야합니다.

"악귀가 대답하여 이르되 내가 예수도 알고 바울도 알거니와 너희는 누구냐 하며 악귀 들린 사람이 그들[스게와의 일곱 아들들]에게 뛰어올라 눌러 이기니 그들이 상하여 벗은 몸으로 그 집에서 도망하는지라" (행 19:15-16)

당신은 교회에서 좋은 평판을 얻을 수 있고, 항상 바른 말만 할 수 있고, 심지어는 성경 구절을 적재적소에 인용할 수 있고, 항상 바른 대답을 하며 살 수 있습니다. 당신은 하나님의 능력이 없이도 이 모든 것들을 다 하며 살 수 있습니다! 당신의 영 안에 "예수 닮음"이 없기에 능력이 없는 것입니다. 예수를 닮는 삶, 그리스도처럼 사는 삶은 항복하는 삶(surrendered life)으로부터 나옵니다. 그분께 항복하는 삶을 살 때에 당신의 영의 영역에 능력이 부어집니다. "너희는 하나님께 복종할지어다. 마귀를 대적하라. 그리하면 너희를 피하리라."(약 4:7)

여러분이 아무리 마귀를 내어 쫓으려고 해도 마귀가 여러분 속에서 아직도 하나님께 내려놓고 있지 않는 부분을 보면 꿈쩍하지 않습니다. 스게와의 일곱 아들이 하나님께 불순종하는 삶을 살았기 때문에 마귀들이 그들을 우습게 여겼습니다. 그러나 마귀가 여러분 속에 예수가 계신 것을 보면 마귀는 여러분에게서 도망갑니다.

여러분이 하나님께 더 많이 내려놓고 그 분께 여러분 자신을 더 항복할 때, 성령에 의해 점령되고 조정되는 삶을 살기가 더욱 쉬워지고, 여러분은 점점 예수를 닮아가게 됩니다. 그 결과 영적인 영역에서 예수가 행하셨던 능력을 여러분도 행할 수 있게 됩니다. 이에 관한 원리는 다음과 같습니다:

순종이 (성령에 의해) 점령당함을 불러옵니다.
점령당함이 예수 닮음을 불러옵니다.
예수 닮음이 능력을 불러옵니다.

이것이 바로 그리스도의 사역의 비밀입니다. 그분께서는 다음과 같이 말씀하셨습니다.

> 내가 아무 것도 스스로 할 수 없노라. 듣는 대로 심판하노니 나는 나의 뜻대로 하려 하지 않고 나를 보내신 이의 뜻대로 하려 하므로 내 심판은 의로우니라. (요 5:30)

예수님께서는 아버지께 자신을 온전히 포기해 드렸고 또한 순종하셨습니다. 그러기에 하나님께서 예수님에게 "성령을 한량없이 주셨습니다."(요 3:34) 하나님의 성령이 예수에게 한량없이 주셨기 때문에 예수께서는 가는 곳마다 능력을 한량없이 나타내실 수 있으셨던 것입니다.

우리는 사람들로 하여금 우리가 매우 영적인 사람이라고 생각하도록 위장할 수 있습니다. 우리가 하나님에 대한 우리의 믿음을 입으로 고백하고 큰 소리로 기도하면 사람들이 속습니다. 그러나 하나님을 속일 순 없습니다. 마귀도 역시 속일 수 없습니다. 우리가 성령 안에서 영적 권세를 갖고 있는지의 유무에 따라 최종 결과가 달라집니다.

거짓 행동과 꾸밈이 믿음을 파괴합니다! 사람들의 영광을 구하고 하나님으로부터 오는 영광을 구하지 않음으로 종교적인 위선이 싹트고 능력이 사라집니다. 이런 것들은 그리스도를 닮아가는 것에 반대되는 것들입니다. 이런 것들은 예수 닮음에 역행하는 것들입니다.

그리스도께서는 "오히려 자기를 비워 종의 형체를 가지사 사람들과 같이 되셨습니다."(빌 2:7) "그분은 멸시를 받아 사람들에게 버림 받았으며 간고를 많이 겪었습니다."(사 53:3) 그러나 그분은 위대한 영적 능력을 나타내셨습니다. 예수 그리스도는 다음과 같은 말씀을 하셨습니다.

> 너희가 서로 영광을 취하고 유일하신 하나님께로부터 오는 영광은 구하지 아니하니 어찌 나를 믿을 수 있느냐? (요 5:44)

"어찌 나를 믿을 수 있느냐?" 이 말을 다른 말로 바꾸면, "너의 삶이 거짓에 기초하고 있다는 사실을 너는 너의 행동을 통해 나타내고 있는데, 네가 어떻게 진리에 대한 바른 믿음을 갖고 있다고 말할 수 있겠는가?" 입니다.

그러한 믿음은 "경건의 모양은 있으나 경건의 능력은 부인하는"(딤후 3:5) 거짓 믿음입니다. 그러한 거짓 믿음을 가진 자들로 인하여 이 마지막 때에 교회들이 어려움을 겪고 있습니다. 우리는 이런 헛된 믿음에서 벗어나 하나님께서 세상 마지막 때에 하시고자 하시는 대 추수를 하나님의 시각으로 바라볼 수 있는 자들이 되어야합니다.

만일 어느 때건 여러분 자신이 사람들로부터 존경을 받고 싶어서, 또는 당신의 명성을 높이거나 당신의 영성이 대단하다는 사실을 사람들에게 알리기 위해 하나님의 일을 한다는 생각이 들면, 하던 일을 즉시 중단하십시오! 그리고 바로 하나님께 용서를 빌고 "유일하신 하나님께로부터 오는 영광" (요 5:44) 만을 구하십시오. "하나님 아버지의 뜻"(30절) 만을 찾으십시오.

그렇게 하시면 크나큰 자유함과 기쁨을 누리실 것입니다. "예수 닮는 삶"을 살기 시작하십시오. 그러면 당신의 삶에 그분의 권세와 능력이 나타나게 될 것입니다.

열쇠 # 4
성령으로 옷 입음 (Clothed With The Spirit)

여러분, 능력을 원하십니까? 능력을 올바르게 받으십시오. 여러분이 방언할 수 있게 되었다고 주님의 능력을 가졌다고 오해하지 마십시오. 하나님께서 여러분에게 그 어떤 것에 관련하여 계시를 주셨다고 해서 주님을 능력을 받았다고 오해하지 마십시오. 설사, 여러분이 손을 얹어 기도한 병자가 나았다고 당신에게 하나님의 능력이 있다고 생각해서는 안 됩니다. 예수님께서는 "주의 성령이 내게 임하셨다."(눅 4:18)고 말씀하셨습니다. 하나님께서 임하게 하심으로 받은 능력만이 바른 능력입니다.

오늘날 많은 그리스도인들이 성령의 능력을 구하고 있습니다. 능력을 주시는 주님을 찬양합니다. 주님께서는, "구하라 그리하면 너희에게 주실 것이요."(마 7:7)라고 말씀하셨습니다. 이 세대와 이 시대에 우리는 하나님의 능력을 충분하게 나타내며 살아가는 삶을 간절히 구해야 마땅합니다. 주님께서는 다음과 같이 말씀하셨습니다.

> 나를 믿는 자는 내가 하는 일을 그도 할 것이요 또한 그보다 큰 일도 하리니 이는 내가 아버지께로 감이라. (요 14:12)

예수님의 이러한 말씀을 근거로, 예수를 믿는 자는 주님의 능력과 같은 정도의 능력이나 예수님이 나타내셨던 것보다 더 큰 능력을 나타 낼 수 있음을 알 수 있습니다. 그러나 예수님 정도의 능력을 나타내며 사는 사람들은 그리 많지 않습니다. 왜 그렇습니까? 위글스워스는 이 질문에 대한 해답이 되는 말을 위에 인용한 그의 설교를 통해 제시하고 있습니다.

너무도 많은 사람들이 엉뚱한 곳에서 자신들이 원하는 것을 찾으려고 하고 있는 것이 문제입니다. 많은 사람들이 최근 유행하는 새로운 가르침들에서부터 그들이 원하는 능력을 찾을 수 있다고 생각하여 그리로 몰려갑니다. 그러나 그런 방법은 잘 통하지 않습니다. 다른 사람들로부터 배우거나 책을 읽음으로 하나님의 능력을 받을 수는 없습니다. 행위가 아니라 자기 포기(내려놓음, yielding)가 하나님의 능력을 가져다줍니다.

능력은 은사로 받는 것이 아니라 자기 포기와 순종으로 받는 것입니다. 우리가 설사 방언을 하고, 엄청난 계시를 받고, 심지어는 어떤 사람들을 치유한다고 하더라도, 이런 것은 우리가 마땅히 살아가야할 삶과는 얼마든지 동떨어진 것이 될 수 있습니다. 하나님이 원하시는 삶은 온전히 자신을 내려놓고, 온전히 성령에 의해 조정되고 장악되는 삶입니다. 성경은 이러한 삶을 하늘의 것들로 "덧입는"(고후 5:2) 삶이라고 표현하고 있습니다. 하늘의 것들로 덧입는 삶을 살 때에만 우리가 어디를 가든, 우리가 어떤 상황에 처하건, 성령과 성령의 능력은 항상 우리와 함께 머물게 됩니다.

"주의 성령이 내게 임하셨으니"(눅 4:18) 라는 성경 말씀은 오늘날의 모든 교회들이 귀히 여기고 사모하는 말씀이 되어야합니다. 하나님은 이 구절의 말씀이 오늘날의 교회들에게 이루어지기를 간절히 원하고 계십니다. 여러분들이 겸손히 자신의 뜻과 계획을 내려놓고, 성령님께 자신을 맡기고 기쁨으로 순종하면, 여러분들의 삶에 그 분이 주시는 기적과 이사가 나타납니다.

위글스워스가 그런 삶을 살았습니다. 그는 성령과 능력으로 "덧입은" 사람이었습니다. 그는 하나님의 능력 나타냄의 원리에 대해 계속적으로 사람들에게 전했습니다.

지금 이 설교에도 이러한 능력 모델의 삶이 제시되고 있습니다. 그러므로 이러한 하나님의 능력이 나타내는 삶을 여러분의 기본적인 삶으로 채택하십시오. 만일 이러한 삶을 살기 시작하신다면 여러분들은 그 외의 어떤 삶에도 만족하지 못하시게 될 것입니다. 그러한 삶을 살 수 있게 될 때까지 싸우시며 기도하시고, 포기하시며 배우십시오.

하나님께서는 20세기 초를 살아가고 있는 오순절 운동을 하고 있는 교회들에게 이러한 능력을 나타내는 삶을 사는 것이 회복되도록 하기 위해, 그 첫 작업으로 아주사 거리(Azusa Street)에서 오순절 운동을 일으키셨습니다. 그럼에도 불구하고 하나님의 능력을 나타내는 삶을 자신의 삶에 적용한 사람들은 극히 소수에 불과합니다.

이 종말의 때에 하나님의 대 추수가 다가오고 있기 때문에, 하나님께서는 하나님의 능력을 나타내는 삶을 살 수 있는 자기의 사람들을 일으키실 것입니다. 하나님께서는 단지 몇 명이 아니라 대규모 군대를 일으키실 것입니다. 그들은 성령으로 "덧입은"(고후 5:2) 사람들이 될 것입니다. 지금이 바로 예수님의 몸된 모든 교회들이 그리스도의 성령으로 "덧입을" 때입니다.

"주의 성령이 내게 임함"을 통해서만 참된 능력을 나타낼 수 있습니다. 그렇게 되는 것만이 올바로 성령에 의해 장악되는 것입니다.

열쇠 # 5
한 걸음 씩 (Step by Step)

먼저, 하나님이 나를 부르십니다. 그분의 임재가 너무도 귀하기에 나는 하나님이 나를 부르실 때마다, 그분에게 순종하고, 나를 내려놓고, 내려놓고 또 내려놓습니다. 그러면 결국 나는 그 어떤 능력이 나를 감싸고 있다는 사실을 감지하기에 이릅니다. 그러면 하나님이 나의 말, 생각을 위시한 나의 삶의 모든 분야를 장악하시게 되는 일이 일어납니다. 그러면 내가 아니라 내안에 계신 그리스도가 나를 통해 일하시게 됩니다.

매 순간 자기 자신을 내려놓음을 통해 성령이 결국 우리의 전부를 소유할 수 있게 됩니다. 하나님은 매일 우리를 순종에로 부르십니다. 하나님의 모든 부르심에 대한 전적인 순종이 중요합니다. 순종의 삶이 얼마나 귀한지를 알게 되면, 우리에게 기쁨이 넘쳐나게 됩니다.

많은 그리스도인들이 자신들은 하나님이 만드신 규칙-뭐는 하고 뭐는 하지 말라는 규칙-을 지켰고, 의도적으로 짓는 죄는 없기에 자신은 하나님께 순종하는 삶을 살고 있다고 생각하고 있습니다. 그러나 그 수준에서 머물러서는 안 됩니다. 성령 하나님이 왜 계신지를 생각해 보아야합니다. 성령 하나님께서는 우리를 인도해주고 우리와 대화하시기를 원하십니다. 우리를 낙망하게 하고 죄를 짓게 하는 상황에서 우리를 끌어내어 그분과의 교제 속으로 인도하시기를 원하고 계십니다.

예수 그리스도에게로 가면, 하나님의 음성이 들리기 시작합니다. 로마서 8장 14절은 "무릇 하나님의 영으로 인도함을 받는 사람은 곧 하나님의 아들이라"고 말하고 있습니다. 하나님의 아들된 자들은 성령의 인도를 받습니다. 요한복음 10장 4절에서 예수님께서는, "양들이 그[목자]의 음성을 아는 고로 따라온다."(요 10:4)고 말씀하셨습니다. 우리는 매일 그분의 음성을 들어야 하고, 그분이 명령하신 대로 순종해야 합니다.

위글스워스는 매우 거룩한 어느 복음 전도자가 말씀을 전하는 집회에 참석했다가 엄청난 영향을 받았습니다. 그 당시 그 복음 전도자가 전했던 말은 매우 단순하였음에도 사람들에게 큰 영향을 끼쳤습니다. 그 전도자에게는 매우 큰 기름부음과 능력이 있었고 또한 하나님의 임재가 강했습니다. 그래서 사람들이 그 전도자에게 능력과 기름부음의 비밀이 무엇이냐고 물어보았습니다. 이 질문에 대해 그 전도자는 자신이 하나님의 능력을 크게 행사할 수 있게 된 이유에 관해 다음과 같이 말하였습니다.

"몇 년 전에 하나님의 성령이 나에게 말씀하기 시작하셨습니다. 그러나 나는 너무 바빠 그분의 목소리에 귀 기울이지 못했습니다. 그러나 그분은 계속 저에게 말씀하셨습니다. 결국 나는 그분이 말씀하시면 하던 일을 중단하고 그의 목소리를 더 잘 들으려고 하게 되었습니다. 그러다보니 그렇게 하는 것이 나의 삶의 일부가 되었습니다. 나는 그분이 말씀하시는 소리를 듣고 그대로 순종하며 살았습니다. 그리고 지금은 성령의 작은 숨소리 까지도 들을 수 있을 정도까지 되었습니다. 내가 그분의 임재 가운데로 들어갈 수만 있다면, 나는 내가 그분의 음성을 듣고 순종할 수 있는 삶을 위해 내가 관계하고 있는 모든 사람들과 내가 가진 모든 것을 다 포기할 수 있습니다."[8]

위글스워스는 그 복음 전도자의 이러한 말을 듣고 그 말을 자신의 비전으로 삼았습니다. 그는 그때 잡은 비전을 매일의 삶의 최우선 원칙으로 삼아 적용하였습니다. 여러분도 이러한 비전을 삶에 적용하며 사시겠습니까?

우리가 주님의 음성을 듣고 순종하면 할수록 기름부음과 능력이 증가하고, 성령 하나님은 우리를 점점 더 장악하시게 됩니다. 그분이 우리를 부르실 때마다 우리가 즉각 반응하는 법을 배워 나가야합니다.

> 오늘 너희가 그의 음성을 듣거든 광야에서 시험하던 날에 거역하던 것 같이 너희 마음을 완고하게 하지 말라. (히 3:7-8)

그분께서 말씀하실 때 민감하게 반응하십시오. 그러면 당신은 자라납니다. 그분은 당신의 삶의 모든 분야에 대해 말씀해주시는 분이십니다. 그분은 당신의 아버지이기 때문에 당신이 당하는 아픔도, 당신이 느끼는 기쁨도 같이 느끼기를 원하십니다. 그분께서 말씀하실 때마다 올바르게 반응하면 당신은 결국 아들의 영(the Spirit of His Son)으로 "덧입게"(고후 5:2)됩니다.

열쇠 # 6
끈기있게 전진함 (Pressing Through)

그날 나는 기도를 하고 말씀을 읽어주며 하루를 보냈습니다. 나는 그 집에 크나큰 불신이 있다는 사실을 알았습니다. 그러나 마틴 청년만은 치유에 대한 믿음을 갖고 있음도 알았습니다.... 나는 가족들 속에 있는 불신을 감지하였습니다.

위글스워스는 항상 믿음 안에서 살았기 때문에 주위에 있는 불신의 분위기가 있으면 그것을 금방 감지하였습니다. 그는 하나님의 임재 안에서 살며 그분의 음성을 듣고 순종하는 믿음의 영역 안에서 살아왔기 때문에, 그렇지 않은 분위기가 가득한 곳으로 가면 금방 알아낼 수 있었던 것입니다.

그러나 그는 자신이 이러한 불신이 팽배한 환경에 처하게 되었을 때는, 이에 대한 해답을 즉각 찾을 수 있는 척하지 않았습니다. 그러나 그는 그가 싸워서 이겨야 할 대상이 있다는 사실을 알고 하나님의 때를 기다렸습니다. 그는 자신이 찾아간 집의 병든 청년이 치유에 대한 믿음을 갖고 있다는 사실을 알고 그 청년의 집에 머물렀습니다.

어떤 그리스도인들은 불신의 사람들이 영과 마음으로 하나님을 대적하면 견디지 못하고 자리를 뜰 궁리를 합니다. 예수님 자신도 사람들의 불신으로 인해 영향을 받았던 경우가 있었음을 성경은 다음과 같은 말로 설명하고 있습니다. "그들이 믿지 않음으로 말미암아 거기서 많은 능력을 행하지 아니하시니라."(마 13:58) 위글스워스는 자신이 머문 장소에 믿음이 있음을 보았기 때문에, 그는 영적 승리를 향해 과감하게 전진하였습니다.

　우리는 해답을 즉각 원하는 인스턴트 시대에 살고 있습니다. 인스턴트 식의 커피를 마시고, 인스턴트 점심을 먹고, 하는 일도 금방 끝내야지 그렇지 않으면 금방 짜증을 냅니다. 음식도 마이크로웨이브 오븐에서 순식간에 익혀 먹습니다. 이러한 것들을 통해 우리의 인내는 점점 그 힘을 잃어가고 있습니다.

　이러한 점들에서는 영적인 면들을 살펴보아도 별로 다를 바 없습니다. 우리는 기도를 피상적으로 하면서, 기도에 대한 응답은 기적을 동반하여 순식간에 이루어질 것을 기대하고 있습니다.

　한번 잡은 것은 좋은 결과를 볼 때까지 놓지 않고 끝까지 전진하는 끈기의 사람들은 극히 드뭅니다. 그러나 하나님은 오늘날 우리 안에 만연한 인스턴트식의 신앙을 버리고, 믿음으로 인내하고 견디는 성품이 우리 내면에서 증가되기를 원하십니다.

　많은 사람들이 믿음으로 사는 삶을 동경하지만 그런 삶은 하루아침에 이루어지지 않습니다. 그래서 많은 사람들이 믿음으로 사는 삶을 쉽게 포기하고 그 대신에 불신의 삶을 살아갑니다. 그런 사람들은 진실한 믿음을 얻기 위해 노력하는 대신에, 믿음은 쉽게 고백하지만 자신들이 만든 환상 세계에 쉽게 빠져 헛된 희망을 바라며 살아갑니다.

그런 사람들이 많음에도 불구하고 하나님께서는 성령에 사로잡혀 살아가는 사람들을 찾고 계십니다. 그런 사람들은 매 순간 참고 견디며 하나님의 인도하심에 따라 살기 위해 매 순간마다 믿음의 결단을 하며 살아가는 사람입니다. 하나님의 이 마지막 시대에 있을 부르심에 응답하기 위해 살아가고 있는 이 세대의 사람들은 "사랑 가운데서 뿌리가 박히고 터가 굳어져야"(엡 3:17)합니다. 그래야 끈질기고 오래가는 믿음을 가질 수 있습니다. 특별히 오늘날의 세대에는 주님께서 다음과 같은 질문하시는 소리가 그 어느 때보다 더 크게 들리는 듯합니다. "인자가 올 때에 세상에서 믿음을 보겠느냐?"(눅 18:8)

위글스워스는 하나님의 음성을 듣고 순종함을 통해, 끈기 있게 전진하는 믿음이 무엇인지를 알았습니다. 그는 하루 종일 기도를 하고 말씀을 읽음으로 이 불신을 깨어버리는 작업을 했습니다. 그리고 믿음이 증가하자 성령의 음성을 듣게 되었고, 그는 자신이 들은 것이 하나님의 음성이라는 확신이 생겼습니다. 그러자 하나님은 그에게 환상을 보여 주셨고,(그가 환상에서 본대로 행동하자) 그에게 능력이 나타나서 그 청년이 고침을 받았던 것입니다.

위글스워스는 문제가 생기면 영적인 싸움을 통해 승리를 확신할 때까지 그 문제를 놓지 않았습니다. 그리고 그는 이러한 경험들을 통해서 하나님의 말씀에 순종하는 것을 배워나 갔습니다. 많은 치유 사역자들은 한번 기도해서 안 되면 "잘 안되네."라고 말하고 포기해 버리거나, 병자가 다 나았다는 확신도 없으면서 "다 나았어."라고 말하며 사역을 끝내버립니다. 그러나 위글스워스는 아픈 마틴 청년에게 그냥 가서 쉽게 손을 얹고는 훌쩍 떠나버리지 않았습니다. 만일 그가 금방 기도를 끝내는 경우가 있다면, 그에게 주님으로부터 오는 확신이 있었기 때문입니다.

위글스워스는 속으로 자신이 기도하는 사람에게 하나님이 어떤 일을 하실 것이라는 확신이 들기 전까지 절대로 사람들에게 입을 열지 않았습니다. 그는 끈기있게 나가는 사람이었습니다. 그는 인내하는 사람이었습니다. 그는 주위에 있는 사람들의 믿음의 수준을 증가시켜 준 후, 하나님께서 하시는 일을 지켜볼 줄 아는 사람이었습니다.

여러분이 성령으로 "덧입고"(고후 5:2) 살고 그분에게 전적으로 의존하는 삶을 사신다면, 여러분은 환경과 불신에 의해 휘둘려 살지 않게 됩니다. 환경과 느낌은 여러분에게 불신을 조장하려고 할 지 몰라도, 당신은 그런 것들에 대해 전혀 영향을 받지 않게 됩니다.

하나님은 위글스워스에게 그가 처한 모든 상황에서 어떻게 하라고 말씀해주셨습니다. 하나님은 당신에게도 그렇게 할 수 있으십니다. 당신은 단 한 번의 기도로 믿음에 서려고 하십니까? 아니면, 설교를 통해 사람들의 믿음을 수준을 올려

놓은 후,(낫겠다는) 확신이 들면 기도하시겠습니까? 여러분이 어떠한 경우에 처하든지, 성령님이 그 상황에서 인도해주시는 바에 따라 반응하시기 바랍니다.

그래야 "불꽃"(히 1:7)의 삶을 살 수 있습니다.

제 3 장

성령 세례
(THE BAPTISM IN THE HOLY SPIRIT)

시작하는 글
특별한 기차 여행

  승객들은 창문을 통해 쏟아져 들어오는 아침 햇살을 만끽하고 있었지만, 위글스워스는 자신이 탄 기차가 아무 탈 없이 잘 가고 있다고만 생각할 뿐이었습니다. 기차는 이미 목적지인 웨일스 남부의 카디프까지의 거리를 반 정도를 지나고 있었습니다. 그는 매일을 평안한 마음을 갖고 지냈지만, 기차 안에서 보내고 있는 지금 이 아침 시간만은 그렇지가 않았습니다. 그는 불편하고 불안해하며, 자신이 왜 이토록 큰 죄의식에 쌓여있는지를 알 수가 없었습니다. 그가 과거에 했던 일들이 주마등처럼 그의 생각을 스쳐가는 동안, 그는 두려움에 휩싸였습니다.
  그는 자신에게 일어나고 있는 이러한 현상들은 어쩌면 자신이 탄 기차 칸의 한 쪽 구석 편에 앉아 책을 읽고 있는 회색 머리의 노인 때문일 것이라는 생각이 들었습니다. 위글스워스는 그 노인에 대한 생각을 끄고 주위에 앉아 있는 승객들이 나누고 있는 즐거운 대화에 끼려고 하였지만 잘 되지 않았습니다. 그는, "저 노인에게 무슨 일이 있는 것일까? 저 노인의 눈동자를 보면 사랑이 느껴지는데, 어쩐 일일까? 내가 왜 저 노인에 대해 두려움을 느끼고 있을까?"라는 의문들이 일어났습니다.

그 젊잖게 생긴 노인이 일어나서 자신이 타고 있는 칸 밖으로 나가려고 하는 것을 보자, 위글스워스는 어느 정도는 마음이 놓였지만, 그래도 죄의식과 두려움이 그에게 남아있었습니다.

위글스워스가 목적지에 도착하기 전에 손을 씻을 량으로 자리에서 일어나 손을 씻을 수 있는 곳으로 갔습니다. 그는 자신이 탄 칸에 있는 승객들이 구원받지 않는 사람들이라는 사실을 잘 알고 있었지만, 그들에 대해 한 마디의 말도 꺼내지 못하고, 속으로 기도만 계속하고 있었습니다.

그가 다시 좁은 복도를 걸어서 자신의 자리가 있는 기차 칸으로 들어가자 일이 벌어졌습니다. 위글스워스가 기차 칸 구석에 앉아 있던 그 노인을 지나가려고 하는 순간에 그 노인에게 죄책감과 두려움이 너무도 심하게 몰려와서, 그 노인은 더 이상 견디지 못하고 자리에서 벌떡 일어서서 그에게 다가왔습니다. 그리고는 위글스워스를 쳐다보며, "선생님, 당신이 내가 죄인이라는 사실에 확신을 심어주었습니다."라고 말하더니, 다시 자리에 앉았습니다.

그러자 그 노인이 느꼈던 것과 같은 생각이 파도가 되어 그 칸에 탄 모든 승객들에게 덮쳤습니다. 그래서 다른 사람들도 그에게 "당신이 도대체 누구시기에, 우리 모두에게 우리가 죄인이라는 확신이 들도록 해줍니까?"라고 말하는 일이 일어났습니다.

이 얼마나 놀라운 기회인지요! 그들 모두는 이 참으로 이상하게 생각되는 사람인 위글스워스가 입을 열어 말을 할 때 시선을 고정하고 그의 말을 경청하였습니다. 그는 성령 하나님께서 그들에게 죄에 대해 깨달을 수 있도록 하시고 있기 때문에 그들이 그런 느낌을 갖게 되는 것이라고 말해주면서, 그들의 모든 죄를 씻겨주시는 예수에게 항복하고 나와 예수를 영접하라고 말하였습니다.

그날 달리는 기차 칸 안에서 참 회개의 역사가 일어났습니다. 사람들이 항복하고 예수에게로 나아오자 그들에게 있었던 죄의식과 두려움이 없어졌습니다. 그들에게서 나온 죄의식과 두려움은 그들에게 다시 들어가지 않았습니다.[9]

성령 세례
(THE BAPTISM IN THE HOLY SPIRIT)

이번 장(3장)의 시작하는 글에서 우리는 위글스워스를 통해 행하신 하나님의 은혜와 능력에 관한 놀라운 일에 대해 읽었습니다. 위글스워스는 사람들을 구원자 그리스도에게로 인도하기 위한 목적을 갖고 평생을 살았던 사람입니다. 하나님께서는 그날 그에게 임하셔서 많은 사람들을 그리스도에게로 인도하신 것입니다.

위글스워스의 삶 : 그의 중반의 삶 (계속)

이 책을 통해 위글스워스의 전 생애를 통해 증가된 그의 믿음을 행로를 살펴보게 되면, 그가 살아가면 갈수록 하나님에 대해 더욱 더 배고파하게 되고 성령이 주시는 거룩함과 능력을 점점 더 사모하게 되었다는 사실을 잘 알 수 있습니다. 그는 그토록 하나님과 성령을 사모했기에, 1907년에 사람들이 사도행전에서 일어났던 것과 같이 성령으로 세례를 받고 다른 방언으로 말하게 되는 현상들이 일어나고 있다는 소식을 접하게 되자, 그 자신도 그런 경험들을 하고 싶은 마음이 간절해지게 되었습니다. 그 당시 어떤 사람들은 그러한 현상(방언)이 하나님으로부터 온 것이 아니라 마귀로부터 온 것이라고 주장하였음에도 불구하고, 그는 하나님에 대한 목마름으로 가득차서 그러한 현상이 일어나고 있는 집회 장소를 찾아갔습니다.

그 당시 영국의 썬더랜드(Sunderland)라는 곳에서 알렉산더 버디(Alexander Boddy) 목사가 한 영국 성공회 교회(Anglican church)에서 집회를 인도하고 있었는데, 그 교회에 성령이 소낙비처럼 사람들에게 부어지는 일들이 일어나고 있었습니다. 영국에서는 성령이 부어지기 시작하기 일 년전에 미국 로스앤젤레스의 아주사 거리(Azusa Street)에서 성령이 부어짐으로 현대 오순절 운동의 주된 발판이 마련되었습니다. 이 아주사 거리에 부어지기 시작한 성령은 영국과 전 세계 여러 나라로 퍼져나갔습니다.

위글스워스에게 치유 사역을 받아서 다리에 생긴 암을 치유받은 한 사람이 썬더랜드에서 어떤 일이 일어나고 있는지에 대한 소식을 듣게 되자, 그는 이 소식을 위글스워스에게 전해주면서 그곳에 가기 위한 경비를 다 내줄 터이니 그 곳에서 열리고 있는 집회에 꼭 참석해서 그 곳에서 어떤 일들이 일어나고 있는지 알아보라고 강권하였습니다.

그래서 위글스워스는 썬더랜드에 가보기로 결정하였는데, 그때 위글스워스의 나이는 48세였습니다. 그는 썬더랜드에서 경험한 것을 통해 그의 삶은 전적으로 변화되었습니다. 그곳에서의 경험으로 인해 위글스워스는 그 후 그의 사역을 통해 수를 헤아릴 수 없을 정도의 많은 사람들의 사람에게 영향을 끼치게 되었습니다. 즉 하나님께서는 그를 사용하셔서 전 세계의 수많은 나라들에 오순절의 메시지가 전달되도록 하신 것입니다.

그전까지 위글스워스는 성령 세례를 받았다고 생각되어지는 몇 가지를 경험하거나 목격하고 있었습니다. 가령, 그는 그의 그리스도인으로서의 삶의 초기에 구세군 교회에 다녔던 적이 있는데, 이 당시 그는 기도회에 참석한 사람들이 하나님의 능력 아래에서 쓰러지는 것을 보았고, 때로는 쓰로진 채로 밤새 누워있는 사람들도 보았습니다. 그 당시 어떤 사람들은 쓰러지는 것이 성령 세례를 받은 증거라고 생각하기도 하였습니다.

사람들이 하나님의 능력 아래에서 쓰러지는 것을 목격한 후 위글스워스는 열흘 동안 금식을 하였는데, 이 금식 기간 동안 그는 그의 생애에 영향을 끼칠만한 하나님이 주시는 축복과 거룩해지는 경험을 하게 되었습니다. 즉 그는 이 금식을 통해 주체할 수 없이 분노를 표출하였던 그의 나쁜 습성이 없어지게 되었고, 조금씩이나마 자신의 견해를 자연스럽게 표현할 수 있게 되었습니다. 그는 이런 경험을 통해 그 자신이 이미 성령 세례를 받았다고 생각하고 있었습니다. 사실 그는 썬더랜드에 있었던 성령이 부어지는 집회에 참석할 때까지 자신이 성령 세례를 받은 사람이라고 믿고 있었고, 심지어 썬더랜드 집회에 참석하여서도 만나는 사람들에게 자신은 성령 세례를 이미 받은 사람이라고 말하곤 하였습니다.

  이러한 생각을 갖고 있었던 위글스워스는 성령 체험을 더욱 하고 싶은 열망이 그를 담대하게 만들었습니다. 그래서 그는 썬더랜드의 집회에 참석하여서도 가만히 있지 않고 과감히 자신이 믿고 있는 바를 사람들에게 이야기하였고, 이로 인해 집회의 분위기가 어수선하게 되는 일이 자주 일어났습니다. 어떤 사람들은 위글스워스의 그런 태도를 못마땅하게 여겨 그를 꾸짖기까지 하였습니다.

  한번은 인도에서 온 어떤 선교사가 위글스워스가 자신의 경험이 옳다고 너무도 주장하기 때문에 집회의 분위기를 망친다며 그를 심하게 비난하였습니다. 그 결과 그 선교사와 위글스워스 사이에 별로 바람직하지 않은 논쟁이 벌어지게 되었습니다. 하나님께서는 언쟁이 벌어진 그 다음 날 밤에 이 두 사람이 다시 만나도록 하셨습니다. 즉 위글스워스는 자신이 머물고 있는 방의 문을 자신의 실수로 안에서 잠그고 나오는 바람에 자신의 방에 들어가 잘 수 없게 되자, 할 수 없이 그 인도에서 온 선교사의 방에 들어가 밤새 그와 이야기를 하다가 하나님의 인도로 같이 기도하게 된 것입니다. 그들이 밤새 함께 중도기도를 하자, 하나님의 축복과 기름부음이 어느새 그 방을 가득 차게 된 것입니다.

무려 나흘 동안 위글스워스는 단지 하나님만을 구하며 오직 기도에 힘썼습니다. 이 동안 위글스워스는 하나님의 능력과 축복을 받기는 하였지만, 그 집회에서 소위 성령세례라고 일컬어지는 것을 그는 아직 받지 못한 상태에 있었습니다. 그러나 그는 다시 집으로 돌아가기로 결정하고, 작별 인사를 하기 위해 버디 목사님이 기거하는 목사관에 들렀습니다. 이때 버디 목사님의 부인이 위글스워스에게 성령 세례를 받아야한다며 그의 머리에 손을 얹고 기도하기 시작하였습니다. 물론 이 당시 위글스워스 자신은 자신이 이미 성령 세례를 받았다고 나름대로 생각하고 있었습니다.

버디 사모님이 위글스워스에게 얹었던 손을 떼고 방을 나가자, 방안에 있던 위글스워스에게 하나님의 불이 떨어졌습니다(the fire of God fell). 그러자 위글스워스는 하나님의 영광스런 능력에 흠뻑 졌었고 자신의 존재가 예수의 피로 인해 정결하게 되었다는 확신이 생겼습니다. 그는 이 확신이 너무도 크기에, "깨끗해졌다. 깨끗해졌다. 할렐루야!"라고 소리를 질렀습니다.

이러한 경험을 통해 그는 그 전까지 오순절의 성령 체험을 하였다고 믿고 있었지만, 그가 한 체험이 전부 다가 아닌 것을 비로소 깨닫게 되었습니다. 그는 기쁨으로 가득 차 있을 때 환상을 보았는데, 그 환상에서 예수가 달렸던 빈 십자가가 보였고 또한 예수 그리스도께서 하늘 아버지의 오른 편에 앉아 계셔서 영광을 받으시는 것이 보였습니다. 그러자 갑자기 그의 입에서 그가 알지 못하는 방언이 터져 나오면서, 방언으로 주님을 찬양하기 시작하였습니다. 이때 그는 이 경험을 통해 사도행전 2장 4절의 말씀대로 "그들이 다 성령의 충만함을 받고 성령이 말하게 하심을 따라 다른 언어들로 말하기를 시작하니라."[10] 라는 말씀의 의미를 정확히 알게 되었습니다.

위글스워스는 그의 영적인 체험들을 근거로 자신의 생각이 옳다는 주장을 계속하다가 사람들로부터 받은 비난받음을 통해 결국 하나님에 대한 배고픔이 채움 받게 되었습니다. 만일 그가 가졌던 영적인 배고픔이 우리에게 있다면, 이 배고픔이 우리로 하여금 그 어떤 반대에도 불구하고 그 반대를 뚫고 나가 우리를 전진하게 하는 원동력이 되게 합니다. 우리가 이러한 영적인 배고픔을 안고 살아갈 때에 우리는 비로소 하나님 나라를 위하여 일 할 수 있는 영적인 인물이 되게 됩니다.

위글스워스를 비난하였던 사람들 중에서 어떤 사람들은 성령 세례를 받기 위해 수개월 동안이나 기다리고 애썼지만 결국은 성령 세례를 받지 못한 사람들이 꽤 많았습니다. 그런 사람들 중에는 자신의 견해를 거침없이 말함으로 집회의 분위기를 흩트려놓았던 위글스워스는 단지 며칠 만에 성령 세례를 받았다는 말을 듣고 매우 엇잖아하기도 하였습니다. 위글스워스로 인한 사람들의 이러한 시기는 과히 성경의 "그들이 넘어짐으로… 시기하게 하여 그들 중에서 얼마를 구원하려 함이라."(로마서 11:11, 14)라는 성경의 표현에 견

줄 만 하였습니다. 성령에 배고파하는 한 사람(위글스워스)이 썬더랜드의 집회에 참석하였고, 이로 인해 짧은 기간 동안 그 집회에 참석한 사람들 중 50여명이 성령 세례를 받게 되었습니다.[11]

위글스워스에 삶과 생애에 대한 여러 사실들을 책을 통해 알게 된 사람들은 그의 삶은 하나님이 주시는 것은 무엇이든지 받겠다는 그의 하나님의 대한 배고픔과 열정으로 점철되어 있다는 사실을 어렵지 않게 알 수 있습니다. 여러 사람들이 모인 기독교 집회에 그가 나타나면, 그는 그 곳에 있는 평화스런 모임의 분위기를 흩트려 놓긴 하였지만, 이로 인해 그는 사람들에게 하나님께 진정으로 구하여야 할 것이 무엇인지를 보여주었습니다.

그리스도의 몸된 교회를 이루고 있는 우리 그리스도인들은 위글스워스가 갖고 있던 성령에 대한 배고픔을 본받아야합니다. 그래서 성령에 대한 배고픔을 방해하는 그 어떤 것도 우리의 삶에 들어오는 것을 허락하지 않겠다는 태도로 살아가야 합니다. 그 배고픔이 우리의 전 존재를 점령하여, 우리의 인간적인 생각과 하나님에 대한 왜곡된 생각들이 바뀌고, 우리의 종교적으로 묶여있는 신앙과 생각과 잘못된 가르침과 경험들이 새롭게 되는 일들이 일어나야 합니다. 그렇게 될 때에라야, 우리는 비로소 하나님의 우리를 향한 부르심의 높고 새로운 영역으로 올라가서 살 수 있게 됩니다.

우리는 성령 세례- 성령에 의한 과격한 세례(radical

baptism in the Holy Spirit)- 를 받아야할 필요가 있습니다. 그러나 우리는 거기서 머물러서는 안 됩니다. 위글스워스는 성령 세례를 받았다고 그 경험에만 만족하며 사는 사람을 사귀기보다는 차라리 성령 세례를 받지 않은 사람과 사귀는 편을 택하겠다고 말하곤 하였습니다.

> 우리는 하나님에 대한 배고픔을 증가시켜 나가야 합니다.

오늘날 수많은 그리스도인들이 과거에 체험하였던 영적 경험에 만족해하며 살아가고 있습니다. 만일 이 책을 읽고 있는 당신이 그런 사람들 중의 한명이라면, 과거의 경험에 만족하지 말고 하나님과 성령님에 대해 더욱 더 배고파하는 분이 되었으면 좋겠습니다. 저는 여러분들이 하나님의 "불꽃"(히 1:7)으로 살아가고 싶은 열망이 평생토록 지속되는 삶을 살았으면 좋겠습니다.

* * * * * * * * * *

성령 세례
스미스 위글스워스의 설교

요한은 물로 세례를 베풀었으나 너희는 몇 날이 못되어 성령으로 세례를 받으리라 하셨느니라.... 오직 성령이 너희에게 임하시면 너희가 권능을 받고 예루살렘과 온 유대와 사마리아와 땅 끝까지 이르러 내 증인이 되리라 하시니라. (행 1:5, 8)

사랑하는 여러분들이여, 주님께서는 오늘날 이 세상에 그 어떤 능력도 무력화 시킬 수 있는 하나님의 능력으로 이 세상을 가득 채우시고 계시다는 사실을 여러분들이 알기를 원하십니다. 저는 이 오후 시간에 여러분들이 성령 세례란 우리에게 성령이 가득차서 성령께서 말하게 하는 방언을 말하고 그분이 주시는 계시를 받아서 우리의 생각이 하나님의 생각으로 변화되는 것을 말한다는 사실을 깨닫게 되기를 원합니다. 그렇게 되면, 여러분들은 하나님의 성령이 장악하시는 삶을 살게 되고 그 결과 그분의 영광스러운 영역 안에서 그분이 원하시는 삶을 살 수 있게 됩니다.

요한복음을 살펴보면, 예수님께서는 우리가 장차 성령을 받게 될 것이라는 사실을 미리 알고 계셨음을 감지할 수 있습니다. 예수님께서는 성령이 임하면 성령께서 우리로 하여금 예수가 하신 말을 하게하실 것이고, 그 말씀의 뜻을 깨달을 수 있도록 해 주실 것이라고 말씀하셨습니다. 예수님께서는 그렇게 되면 우리가 주 예수 그리스도 자신께서 사셨던 삶을 우리도 살게 될 것이라고 말씀하셨습니다.

정녕 우리가 주님께서 말씀하신 그런 삶을 살기 원한다면 참으로 좋겠습니다. 성령이 하시는 일에 대해서만 말하십시다. 그리고 여러분들이 대학교에서 배운 세상 지식들을 벗어버리십시다. 얼음과 같이 찬 세상 것들을 버리고 하나님의 따뜻한 햇볕 속으로 들어갑시다. 성령 하나님께서는 우리가 성령의 충만함을 받아서 하나님을 더 잘 알게 되고, 신비적인 관념에서 벗어나 하나님이 오늘날 우리에게 주시는 분명한 계시를 통해 영적인 것에 대한 바른 이해에 이르게 되기를 원하십니다.

사랑하는 여러분들이여, 저는 예수님의 이름으로 여러분들이 하나님의 마음을 이해하게 되기를 간절히 바랍니다. 정말로 예수님께서는, "오직 성령이 너희에게 임하시면 너희가 권능을 받고 예루살렘과 온 유대와 사마리아와 땅 끝까지 이르러 내 증인이 되리라."(행 1:8)고 말씀하셨습니다.

저는 여러분들이 "그가 고난 받으신 후에 또한 그들에게 확실한 많은 증거로 친히 살아 계심을 나타내사 사십 일 동안 그들에게 보이시며 하나님 나라의 일을 말씀하시니라."(행 1:3)는 성경 말씀에 대한 바른 이해에 도달하게 되기를 바랍니다. 주님께서는 우리들 모두가 그분의 부활 능력에 대한 바른 이해에 도달하게 되기를 원하십니다.

성령 세례가 바로 부활이라는 사실을 기억하십시오. 여러분이 성령으로 인해 이런 생각을 갖게 되면, 하나님이 주시는 부활 능력으로 인해 여러분들 속에는 세상적인 그 어떤 것도 남아있지 않게 됩니다. 병이 여러분 속에 남아있을 수가 없게 됩니다. 여러분이 성령으로 채움 받게만 된다면, 여러분이 받고 있는 육체적 고통과 두려움이 없어지게 됩니다. 부활이란 여러분 속에 하나님의 생명이 들어가게 됨으로 말미암아 예수 안에 있었던 생명으로 인해 여러분이 다시 활기차게 살아가게 되는 것을 의미합니다.

오, 부활! 저에게는 이 부활이란 단어가 예수라는 단어만큼 중요합니다. 부활과 예수는 같이 갑니다. 예수가 곧 부활이고, 부활의 능력을 받으신 예수를 아는 것은 성령으로 인해 "하나님께 대하여는 [죽지 않고 영원히]살아 있는 자"(롬 6:11)가 된다는 것을 의미합니다.

하나님이 없는 삶은 의미가 없는 삶입니다. 그분이 우리의 삶을 전적으로 장악하시도록 하며 산다는 것은 곧 하나님이 계획하신 삶을 살아간다는 것을 의미합니다! 이러한 놀라운 삶이 하나님을 향해 우리에게 열려져있습니다!

오, 형제들이여, 우리는 성령으로 인해 이러한 것들에 대한 이해에 이를 수 있게 됩니다! 우리가 어떻게 해야 하냐고요? 우리는 그저 아무것도 하지 않고 단지 그러한 삶을 살아가기만 하면 됩니다. 당신 자신을 하나님의 능력에게 맡겨버리십시오. 만일 당신이 당신 자신을 하나님께 양보한다면, 그러한 삶으로 인해 당신 주위의 사람들이 구원을 받게 되는 일들이 일어나게 됩니다.

당신이 부활의 능력을 정말로 안다면, 이를 통해 죽은 자들이 살아나게 되고, 그 결과 사람들이 각종 악에서 떠나 성령의 삶을 사는 축복 속으로 들어가게 됩니다. 사랑하는 여러분들이여, 그러기에 내가 지금 말하고 있는 이 성령 세례는 그 어떤 것 보다 훨씬 더 중요한 것입니다.

제가 부활에 대해 말하는 것은 성경에 기록된 사건들 중에서 가장 위대한 사건을 말한다는 사실을 꼭 기억해야 합니다. 왜냐하면 부활은 영원히 존속할 수밖에 없는 진리에 대한 새로운 계시에 대해 우리의 눈을 뜨게 해주기 때문입니다. 우리가 하나님과 함께 하면 하나님은 우리에게 점점 더 큰 힘을 주십니다.

제가 지금 이 시간에 여러분들에게 성령의 새로운 차원에 대해 알려주며 여러분에게 압박을 조금 가하고 있는데, 그 이유는 그전에 가보지 않았던 곳으로 여러분들을 데리고 가기 위해서입니다. 오늘은 우리 모두를 위한 새로운 날입니다. 여러분들 중에는 "나는 이미 성령 세례를 받았는데, 어쩌지?"라고 생각하시는 분들도 있을 줄 압니다. 오, 오늘은 이미 성령 세례를 받은 사람들에게도 새로운 날이 될 것입니다. 왜냐하면 성령님이 우리에게 주시는 능력에는 제한이 없기 때문입니다.

하나님은 가만히 계시기만 하시는 분이 아니십니다. 잠잠히 머물고만 있는 사람들에게는 하나님이 역사할 여지가 적습니다. 그러나 불을 잡으려고 하고, 진리를 알려고 하고, 망루에 서서 사방을 살피는 사람들은 많은 성도들을 비추어주는 세상의 빛보다 더 밝은 빛을 내는 횃불을 손에 들게 되는 일이 일어나게 됩니다.

하나님의 은혜와 생명과 성령은 사람의 은혜와 생명과 영보다 수백만 배 강합니다. 우리가 성령으로 세례를 받게 되면,(하나님의) 특별한 곳에 서게 됩니다. 그 결과 당신은 하나님의 마음과 같은 마음을 소유하게 됩니다. 오직 성령을 통해서만 죽었던 여러분의 영혼이 소생하게 되고 쳐졌던 여러분의 육체가 활기를 되찾게 됩니다.

제가 오늘 성령에 대해 많은 말을 함으로써, 제가 예수를 우리 주 그리스도가 되지 못하도록 하는 모든 것들을 제하여 버리고 있습니다. 왜냐하면 제가 성령에 대해 말할 때 마다, 예수가 여러분들에게 계시되고 있기 때문입니다. 성령은 그리스도가 어떤 분이신지를 우리에게 계시해 줌으로, 우리의 연약함과 한계성이 우리를 더 이상 지배할 수 없도록 해주십니다. 하나님께 영광을 돌립시다!

성령님은 우리가 그분에게 있을 곳을 내어드리지 않는 한 절대로 우리에게로 들어오시지 않습니다. 성령님은 우리가 그분에게 우리 자신을 포기해 드릴 때, 우리의 몸을 그분의 성전으로 삼으셔서 우리에게 들어와 거하십니다. 여러분의 몸이 아무리 좋지 않아도, 성령님이 여러분 안에 거하시면 여러분의 몸이 성전이 되는 것입니다. 성령님이 여러분의 육체 안에 거하실 때에만 여러분의 몸은 비로소 성전이 됩니다.

오순절 날 사도들과 사람들이 다락방에 모여 하나님의 마음과 한 마음이 되어 "마음을 같이하여 오로지 기도에 힘"썼을 때(행 1:14) 성령이 그들 위에 내려왔습니다.

예수님께서 하신 다음과 같은 말씀을 여러분들은 기억하실 것입니다: "천지의 주재이신 아버지여 이것을 지혜롭고 슬기 있는 자들에게는 숨기시고 어린 아이들에게는 나타내심을 감사하나이다."(마 11:25) 예수님의 이러한 기도는 성령을 간구하는 사람들을 향한 하나님의 마음과 계획을 잘 나타내 주고 있습니다.

지혜롭고 처신을 잘하는 신중한 사람과 어린 아이와의 차이점이 무엇이겠습니까? 만일 이 시간 여러분이 진정 어린 아이와 같은 마음을 가지고 있기에 하나님께 자신을 내어드릴 수만 있다면, 하나님께서는 그런 분들을 성령으로 채워주실 것입니다. 세상 사람들은 하나님의 성령을 받을 수 없습니다. 그러나 여러분들이 만일 초자연적인 곳에 다다르게 되면, 여러분들은 하나님의 마음을 가질 수 있게 됩니다.

오, 사랑하는 여러분들이여, 만일 우리가 이 시간 "어린 아이"와 같이 될 수 있다면, 성령님이 주시는 하나님의 생각을 여러분이 갖게 됨으로 인하여, 여러분들에게 위대한 일들이 일어나게 됩니다.

* * * * * * * * * *

그의 설교로부터 얻을 수 있는 생명의 열쇠들

열쇠 # 1
방언, 계시 그리고 인식
(UTTERANCES, REVELATIONS, AND PERCEPTIONS)

성령 세례란 우리에게 성령이 가득차서 성령께서 말하게 하는 방언을 말하고 그분이 주시는 계시를 받아서 우리의 생각이 하나님의 생각으로 변화되는 것을 말한다는 사실을 깨닫게 되기를 원합니다. 그렇게 되면, 여러분들은 하나님의 성령이 장악하시는 삶을 살게 되고 그 결과 그분의 영광스러운 영역 안에서 그분이 원하시는 삶을 살 수 있게 됩니다.

"그분의 영광스러운 영역 안에서 그분이 원하시는 삶만을 살게 되는 삶은"은 하나님이 우리 모두가 살게 되기를 원하시는 삶입니다. 그러나 성령께서 우리 전 존재를 장악하시도록 우리가 허락하지 않는 한 우리는 그러한 삶을 살 수 없습니다.

우리가 우리의 삶을 매일 하나님 앞에 내려놓고, 예수님처럼, "내 원대로 마시옵고 아버지의 원대로 되기를 원하나이다." 라고 기도하고, 또한 "나라가 임하시오며 뜻이 하늘에서 이루어진 것 같이 땅에서도 이루어지이다." 라고 기도하는 것이 우리라는 존재의 중심에 위치한다면, 그래서 하나님의 계획이 우리의 삶을 통해 이루어지도록 하는 것에 대한 배고픔이 우리에게 가득하고, 성령만이 우리의 삶을 길을 인도하시도록 한다면, 그분께서 우리의 생각과 감정과 육체 전체를 장악하기 시작하십니다.

그러나 이러한 모든 것들이 자의에 의해서 행해져야지 강제적으로나 강압적으로 행해져서는 안 됩니다. 그러므로 그렇게 되기를 원치 않는 사람들에게는 그런 일들이 절대로 일어나지 않습니다. 그러나 하나님에 의해 사용되어지기를 간절히 원하는 사람들은 실제로 "그분의 영광스러운 영역 안에서 그분이 원하시는 삶을 살게 됩니다."

우리가 그분이 주시는 "방언(His utterance)"으로 말하게 될 때 우리는 그분이 주시는 "계시"를 받게 되고, 그러한 계시에 담긴 하나님의 뜻이 무엇인지를 "인식"할 수 있게 됩니다. 인간의 말은 하나님이 주시는 말(방언)에 비하면 별 효과가 없습니다. 인간의 이해는 하나님이 주시는 계시의 빛에 비하면 아무것도 없습니다. 하나님의 인식으로 인식해야 정확히 알 수 있기에 인간의 인식에는 한계가 있을 수밖에 없습니다. 바로 이러한 이유들 때문에 우리는 반드시 성령에 의해 장악된 삶을 살아야 합니다.

위글스워스는 성령이 주시는 성령 세례의 형태에는 몇 가지가 있는 것으로 이해하였습니다. 우리가 하나님에 대해 배고파 하고 그분의 뜻에 우리의 뜻을 포기해 드리면, 우리가 받은 성령 세례라는 불에 기름을 붓는 것과 같은 삶을 살게 됩니다. 그래서 불길이 강하게 타오르는 것과 같은 삶을 살 수 있게 되는데, 이러한 삶이 우리가 마땅히 살아가야 할 삶입니다.

성경은 우리에게, "술 취하지 말라 이는 방탕한 것이니 오직 성령으로 충만함을 받으라."(엡 5:18)라고 권면하고 있습니다. 여기서 "성령으로 충만함을 받으라."는 표현은 성경 원어에 보면 현재 계속 형으로 써져 있습니다. 고로 이 말을 다른 말로 하자면, "성령 충만함을 계속적으로 받으십시오."라는 말이 됩니다. 위글스워스는 우리 모두에게 성령으로 채움 받고자 하는 배고픔이 점점 더 증가하게 됨으로 말미암아, 결국 우리라는 전 존재가 "오직 성령에 의해서만 움직여지는 놀라운 삶"을 살아가게 되기를 간절히 원했던 것입니다.

열쇠 # 2
부활의 능력

성령 세례가 바로 부활이라는 사실을 항상 기억하십시오. 여러분이 성령으로 인해 이런 생각을 갖게 되면, 하나님이 주시는 부활 능력으로 인해 여러분들 속에는 세상적인 그 어떤 것도 남아있지 않게 됩니다.

위글스워스는 그가 인도한 집회에서 "나는 백 프로 오순절의 사람입니다." 라고 자주 말하곤 하였습니다. 사실 그는 정녕 오순절의 사람이었습니다. 그에게 있어서 성령 세례는 매우 중요한 위치를 점하고 있을 만큼 가치있는 것이었습니다. 백여 년에 걸친 어두운 삶의 시대가 끝나고 1900년대 초에 들어서게 되자, 많은 사람들에게 성령이 부어지는 일이 다시 일어났습니다. 그래서 그런 일이 일어나고 있는 그 당시에는 성령 세례가 오늘날에 비해 너무도 귀중하게 여겨졌습니다. 그리스도와 더 깊은 교제의 삶을 살아가기 위해 성령 세례를 받아야 한다는 것이 위글스워스가 행한 모든 설교들의 중심 주제였습니다.

성령님은 우리가 그리스도에 대한 깊은 이해(계시, revelation of Christ)에 이룰 수 있도록 해주십니다. 그리고 그러한 계시를 통해 우리는 그리스도의 삶을 통해 나타났던 하나님의 능력을 경험할 수 있게 됩니다. 이것이 바로 우리가 필요한 "부활 능력"인 것입니다. 우리는 성령 세례에 대한 바른 견해를 갖고 있어야 하며, 성령 세례의 위대한 가치성에 대해 충분히 이해하고 있어야합니다. 성령 세례는 다음과 같이 설명될 수 있습니다.

* 성령 세례는 부활입니다! 그러나 너무도 많은 사람들이 성령 세례를 부활보다 낮은 자리에 두고 있습니다.
* 성령 세례는 부활입니다! 그러나 너무도 많은 사람들이 아직도 죄 아래 갇혀서 살고 있습니다.
* 성령 세례를 받으면 세상적인 속성들이 없어집니다! 그러나 너무도 많은 사람들이 자신 속에 있는 세상적인 속성들을 버리지 못한 채 살고 있습니다.

그리스도를 믿는 우리가 마땅히 살아가야할 삶이 바로 부활의 삶인 것입니다. 하나님은 우리가 그런 부활의 삶을 살아가기를 원하십니다. 예수님께서는 "나는 부활이요 생명이다."(요 11:25)라고 말씀하셨습니다. 그분께서는 "나는 너희들에게 부활과 생명에 대해 가르쳐주겠다." 라고 말씀하신 것이 아니라, "내가 부활이요 생명이다." 라고 말씀하신 것입니다.

성령으로 세례를 받게 되면 예수를 왕으로 모시는 일이 일어납니다. 이것은 성령 세례를 받은 우리가 우리의 영과 혼과 몸을 포함한 우리의 전 존재를 하나님에게 내어드림으로 우리의 삶에 그분의 부활과 생명이 나타나기 때문에 일어나는 당연한 현상입니다.

오늘날을 살아가고 있는 우리에게 성령의 더 깊은 곳으로 들어가는 삶을 추구하기 보다는 배움과 지식을 통해 하나님의 생명과 능력을 경험하려는 경향이 점점 강해지고 있습니다. 그러나 성령 안에서만 하나님의 생명이 있습니다. 성령님은 성도들에게 자신들이 즐겨보는 책과 잡지들을 내려놓고, 즐겨보는 텔레비전을 끄고 성령님과 더 많은 시간을 보내라고 말씀하십니다.

* 중보기도에 관하여: 위글스워스는 자신은 기도하지 않고 삼십분 이상 있어본 적이 없다고 말하곤 하였습니다.
* 성령 안에서의 기도에 관하여: 위글스워스는 성령 안에서 (방언으로) 기도하면서 말씀을 전했습니다. 왜냐하면 그에게 방언 기도는 너무도 중요했기 때문입니다.
* 경배(예배, worship)에 관하여: 위글스워스는 하나님을 경배하기를 무척 좋아하였습니다. 예배에 몰입하다, 그는 때로 성령 안에서 춤을 추거나 찬양을 하곤 하였습니다.
* 말씀 묵상에 관하여: 위글스워스는 매일 음식을 먹듯 매일 성경 말씀을 읽었습니다. 그는 짬이 날 때 마다 말씀을 읽고 묵상하였고. 그는 "어떤 사람은 히브리 원어로 성경을 읽고, 어떤 사람은 헬라 원어로 성경을 읽지만, 나는 성령으로 성경을 읽습니다."[12]라고 말하곤 하였습니다.
* 하나님과의 교제에 관하여: 그는 오랜 기간에 걸쳐 계속적으로 하나님과 교제하기를 게을리 하지 않음을 통하여, 하나님과 좋은 관계를 지속하는 방법을 터득하였습니다.

우리의 삶의 목적은 하나님과의 깨어지지 않는 친밀한 관계를 유지하는 것이 되어야합니다. 그래야 우리의 삶을 통해 하나님이 영광을 받으실 수 있으며, 하나님은 그런 사람들에게 자신의 상급을 내려주십니다. 하나님과 깊은 관계 속으로 들어가기 위해서는 성령 세례의 깊은 곳으로 계속해서 들어가야 합니다. 그래야 우리의 삶에 부활 생명이 나타납니다.

열쇠 # 3
그분의 계획

그분이 우리의 삶을 전적으로 장악하시도록 하며 산다는 것은 곧 하나님이 계획하신 삶을 살아간다는 것을 의미합니다! 이러한 놀라운 삶이 하나님을 향해 우리에게 열려져 있습니다!

오, 형제들이여, 우리는 성령으로 인해 이러한 것들에 대해 바르게 이해할 수 있게 됩니다! 우리가 어떻게 해야 하냐고요? 우리는 그저 아무것도 하지 않고 단지 그러한 삶을 살아가기만 하면 됩니다. 당신 자신을 하나님의 능력에게 맡겨버리십시오. 만일 당신이 당신 자신을 하나님께 양보한다면, 그러한 삶으로 인해 당신 주위의 사람들이 구원을 받게 되는 일들이 일어나게 됩니다.

요한 계시록에는 예수에 관해 "거룩하고 진실하사 다윗의 열쇠를 가지신 이 곧 열면 닫을 사람이 없고 닫으면 열 사람이 없는 분"이라고 묘사하고 있고, 또한 그 예수께서, "볼지어다. 내가 네 앞에 열린 문을 두었으되 능히 닫을 사람이 없으리라. 내가 네 행위를 아노라."(계 3:7-8)라고 말씀하신 것으로 기록되어 있습니다.

그분께서는 우리가 매일 매일의 삶을 통해 그분에게 우리 자신을 양보해 드림으로 우리를 향한 그분의 계획이 이루어져 나가기를 원하십니다. 우리가 우리 자신을 그분에게 포기해드림으로 그분께서 우리를 전적으로 장악하시기 전까지는 그분의 능력이 우리를 통해 자유자재로 흐르지 못하기 때문에 그분의 우리를 향한 계획은 결코 효력을 발휘하지 못합니다.

위글스워스로 하여금 이러한 이해에 도달하게 하신 하나님을 찬양합니다! 오늘날 복음 전도에 관한 수없이 많은 세미나와 학과 코스들이 있고 복음 전파를 위한 계획과 프로그램들이 즐비합니다. 그러나 불행하게도, 많은 그리스도인들이 이러한 것들에 대해 많은 지식들을 습득하였음에도 불구하고 사람들을 그리스도에게로 인도하지 못하고 있습니다.

이해하기 힘든 복잡한 방법론들이 우리를 힘들게 하고 있습니다. 그러나 위글스워스는 우리가 단지 성령에게 우리 자신을 양보해 드리면, 그분께서 우리를 통해 사람들이 구원을 얻도록 하신다고 외쳤습니다. 이 얼마나나 대담무쌍한 외침인지요! 정식 교육이라고는 단 하루도 받아보지 못한 배관공에 불과한 위글스워스가 자신의 삶을 통해 증명한 단순한 이론은 참으로 놀랍기 짝이 없습니다! 스미스 위글스워스에게 임한 능력을 통해 구원받은 영혼의 숫자가 너무도 많기에, 그는 복음 전파에 관한한 그 어떤 훌륭한 식자들 보다 더 큰 권위를 행사할 수 있었습니다.

이 장(3장)의 처음 부분에서 기차에 탄 위글스워스의 능력에 의해 그 칸에 탄 많은 승객들이 예수를 믿게 되었다는 이야기는 그가 소유한 권세가 얼마나 대단한지를 단적으로 말해주는 예가 됩니다. 그는 80대 때에 심장마비에 걸린 적이 있는데, 이 당시 그는 여행을 하거나 설교를 하지 않았음으로 자주 집 근처의 브래드포드 공원을 산책하곤 하였습니다. 이때에 그가 공원 벤치에 앉아 있노라면 사람들이 그에게 몰려들곤 하였는데, 이것은 그가 갖고 있는 복음 전파의 능력이 사람들을 끌어들였기 때문이었습니다. 그래서 그는 공원에 앉아 있으면서도 매일 수명의 사람들을 그리스도에게도 인도하는 특권을 누렸을 뿐 아니라 공원을 찾아 온 사람들을 위해 기도해 줌으로 병이 치유되거나 귀신들이 쫓겨나가는 일들이 자주 일어났습니다.

그의 삶에서 이런 일들이 끊이지 않고 일어났다는 사실은 그의 말에는 하나님의 능력이 담겨 있다는 사실을 잘 나타내 주고 있습니다. 그는 하나님께 자신을 맡겨드리기만 하면 사람들이 예수를 믿는 일들이 일어났었노라고 말하곤 하였습니다. 그의 삶과 그가 전한 메시지를 한 마디로 요약한다면 하나님께 자신을 포기해 드리는 것과 하나님에 대한 순종이라고 말할 수 있습니다. 만일 오늘날의 교회가 효과적으로 복음을 전하길 원하고 자그맣게 시작된 부흥의 불씨가 오래 동안

타서 퍼져나가는 것을 보길 진정으로 원한다면, 교회는 이 마지막 시대에 사람들에게 위글스워스가 전한 순종과 포기의 삶을 살라고 힘껏 가르쳐야 할 것입니다.

당신은 당신 주위의 사람들이 당신으로 인해 구원받기를 원하십니까? 만일 그렇다면 위글스워스의 순종과 포기라는 원칙의 열쇠를 당신의 삶에 적용하고 사용하십시오. 만일 당신이 진정으로 하나님의 계획을 구하고 그분에게 순종하면, 당신도 위글스워스처럼 당신 주위의 사람들을 예수 믿게 할 수 있습니다.

지금 이 순간 하나님께서 당신에게 뭐라고 말씀하십니까? 당신의 영혼에 들리는 음성은 당신에게 뭐라고 말합니까? 당신의 삶에서 가장 가치있고 의미있는 일은 무엇입니까? 당신이 하나님의 말씀을 접할 때 어떤 진리가 당신의 가슴을 설레게 합니까? 당신이 아직껏 걸어보지 않는 인생의 그 어떤 길을 하나님은 당신으로 하여금 가게 하시길 원하신다고 생각하십니까? 당신에게 하나님이 열어주신 새로운 문은 어떤 문입니까?

진정 당신이 하나님에 대한 순종의 길을 한걸음씩 내딛는다면, 그래서 하나님께서 당신을 위해 열어주신 문안으로 들어가신다면, 하나님께서 여러분을 전적으로 장악하시도록 허락하는 삶을 사신다면, 당신은 당신의 삶을 통해 하나님의 능력이 나타나는 것을 목격할 수 있을 것이며, 이로 인해 당신 주위의 사람들이 주님을 만나게 되는 일들이 일어나게 될 것입니다.

열쇠 # 4
계시하시는 분 알기 (KNOW THE REVEALER)

제가 오늘 성령에 대해 많은 말을 함을 통해, 실상은 제가 예수를 우리 주 그리스도가 되지 못하도록 하는 모든 것들을 제하여 버리고 있는 것입니다. 왜냐하면 제가 성령에 대해 말할 때 마다, 예수가 여러분들에게 계시되고 있기 때문입니다.

성령으로 가득 찬 삶을 산다는 것은 계시하시는 분이신 그리스도에게 자신을 내어 드리는 삶을 산다는 것을 의미하고, 그리스도의 생명과 죽음의 의미를 깨닫고 삶이 전폭적으로 바뀌는 것을 의미합니다. 많은 사람들이 성령님과의 관계는 맺지 않고, 단지 그리스도에 대한 지식만을 추구하며 살고 있습니다. 그러나 그런 사람들은 예수에 대한 인식이 온전하지 않기에 예수에 대한 불균형적인 시각을 갖고 인생을 살아가므로 삶이 혼돈스럽습니다. 심지어는 여러 권의 신학 서적들을 저술한 신학자들도 이 점에는 동일합니다. 물론 그리스도와의 개인적이고 친밀한 관계를 갖는 것은 반드시 성경 말씀으로부터 근거해야 하는 것은 옳습니다. 그러나 성령의 도움 없이는 성경을 아무리 읽어도 예수그리스도와의 친밀한 관계를 맺을 수 없습니다.

위글스워스는 이점에 있어서 탁월하였습니다. 그는 성령의 도움으로만 성경을 보았기에, 아무리 훌륭한 교육을 받은 성

성령 안에서 자신을 항상 주님께 내어드림으로 하나님과 친밀한 관계를 유지하였고 이로 인해 그리스도에 관한 깊은 계시를 받으며 살 수 있습니다. 경학자라고 하더라도 그의 위대한 계시가 담긴 가르침에 놀라지 않을 수가 없었던 것입니다. 그는 평생 성경 외에는 그 어떤 책도 읽지 않았습니다. 더구나 그는 정규 교육이라고는 받아본 적이 없었습니다. 그는 단지 성령이 가르쳐주시는 계시만을 그의 참 가르침으로 받아들였습니다.

예수님께서는 다음과 같은 위대한 말씀을 하셨습니다.

> 그러나 내가 너희에게 실상을 말하노니 내가 떠나가는 것이 너희에게 유익이라. 내가 떠나가지 아니하면 보혜사가 너희에게로 오시지 아니할 것이요, 가면 내가 그를 너희에게로 보내리니 (요 17:7)

예수님은 자신과 함께 삼년동안 같이 지내왔고 같이 대화를 나누었던 자신의 제자들에게 위와 같은 말씀을 하셨습니다. 제자들은 예수와 함께 지내면서 그분이 하셨던 말씀을 귀로 직접 들었고 그분이 하셨던 기적을 눈으로 직접 보았습니다. 즉 그들은 하나님의 아들과 같이 걸었고 생활하였던 것입니다.

저는 자주 예수 당시의 그곳 사람들의 삶은 어떤 삶이었을까를 상상해 보곤 합니다. 저는 제가 처음 예수를 믿기 시작하였던 시절 하나님에게 왜 저를 그 당시에 예수가 살던 곳에 태어나게 해 주시지 않으셨느냐는 질문을 자주 드리곤 하였습니다. 그러자 주님께서는 저에게 위에 적힌 성경 구절이 생각나게 해주셨습니다.

예수님께서는 본인이 이 세상을 떠나는 것이 우리에게 유익하다고 말씀하셨습니다! 어떻게 주님이 이 세상에 안 계시는 것이 믿는 우리들에게 더 나을 수 있단 말입니까? 우리는 예수님의 말씀대로 예수님의 제자들이 이스라엘에서 예수님과 삼년 동안이나 같이 걷고 말하고 지냈던 예수님과의 친밀한 관계보다 더 친밀한 관계를 가질 수가 있습니다. 그것은 바로 성령님으로 인해 가능합니다. 우리의 위로자(the Comforter)요, 우리에게 도움을 주시는 분(the Helper)이시오, 진리의 영(the Spirit of Truth)이신 거룩하신 성령님께서 우리에게 "모든 것을 가르쳐"(요 14:26)주시기 때문입니다.

위글스워스는 항상 성령 안에서 자신을 항상 주님께 내어드림으로 하나님과 친밀한 관계를 유지하였고 이로 인해 그리스도에 관한 깊은 계시를 받으며 살 수 있었습니다. 나의 친구들이여, 여러분들도 여러분에게 임한 성령으로 인해 예수와 함께 걷고 말하고 지냈던 제자들보다 더 친밀한 관계를 예수와 가질 수 있습니다!

우리는 성령님과의 관계를 증진시켜야 합니다. 그래야 우리는 그리스도를 더 잘 알 수 있습니다. 그리고 우리는 성령 세례를 매우 소중하게 생각하고 성령 세례를 주신 하나님께 항상 고마운 마음을 갖고 살아야합니다.

위글스워스가 받은 성령 세례나 당신이 받은 성령 세례는 동일하다는 것이 진리입니다. 왜냐하면 하나님은 "사람의 외모를 보지 아니하시"(행 10:34)는 분 즉 사람을 차별하시는 분이 아니시기 때문입니다. 그렇다면 당신은 성령 세례를 원하십니까? 만일 원한다면 성령 세례를 통해 성령님과의 관계를 발전시켜나가시겠습니까?

열쇠 # 5
우리 안에 성령이 계실 곳 예비해 놓기

성령님은 우리가 그분에게 있을 곳을 내어드리지 않는 한 절대로 우리에게로 들어오시지 않습니다. 성령님은 우리가 그분에게 우리 자신을 포기해 드릴 때, 우리의 몸을 그분의 성전으로 삼으셔서 우리에게 들어와 거하십니다.... 오순절 날 사도들과 사람들이 다락방에 모여 하나님의 마음과 한 마음이 되어 "마음을 같이하여 오로지 기도에 힘"썼을 때 (행 1:14) 성령이 그들 위에 내려왔습니다.

당신이 성령님과의 관계가 깊어지기를 원하시고 성령님으로 채움 받기를 원하신다면 당신 속에 성령이 있을 곳을 계속적으로 준비해 놓아야합니다. 계속적으로 준비해 놓는다는 것은 곧 성령 그분께서 항상 여러분을 채우신다는 것을 의미합니다.

위글스워스의 설교는 항상 한 가지 목적을 놓고 행해진 설교였습니다. 그 목적은 사람들로 하여금 그분께 순복함으로 말미암아 항상 성령으로 채움 받는 삶을 살도록 하는 것이었습니다. 비밀은 자신을 성령님께 내어드리는 데(yielding) 있습니다. 내어드림은 포기입니다. 내어드림은 순종입니다. 내어드림은 자신에 대해 죽는 것입니다. 내어드림이 거룩이요 성결(purity)입니다.

위글스워스는 성령 세례를 경험한지 12개월 후에 성령으로 충만함 받는 것(receiving the fullness of the Holy Spirit)에 관해 편지를 쓰면서, "인간의 더러운 행위는 깨끗하게 처리되어져야합니다. 인간은 자신의 힘으로는 절대로 그렇게 될 수 없습니다."[13]라고 기록하였습니다. 자신 속에 있는 죄를 다루지 않으면 성령님은 절대로 개인 속에서 거하실 수 없습니다. 그 이유는 성령은 말 그대로 거룩한 영이시기 때문입니다.

성령을 모셔 들이기 위해 위글스워스가 강조하였던 또 다른 하나는 바로 우리의 마음들이 하나님의 마음과 하나 되어야 한다는 점이었습니다. 우리가 하나님과 사람들 앞에서 겸손하지 않으면 하나 됨(연합, unity)은 일어나지 않습니다. 우리가 하나님의 영광은 구하지 않고 자신의 영광만을 구하면, 예수와 예수의 몸인 교회가 갈라지는 일이 일어납니다.

우리가 정녕 이 땅에 하나님의 위대한 부흥이 일어나기를 고대한다면 교회들과 사람들은 논쟁과 싸움을 멀리 떠나보내고, 겸손해져서 서로 손을 잡고, 오직 하나님의 영광만을 구하여야만 할 것입니다. 하나 됨이 없으면 성령의 능력도 사라집니다.

당신이 만일 하나님이 주시는 "위대한 기름부음"을 소유하고 있다고 생각하고 있지만 죄를 짓는 삶을 살고 있다면, 생각을 고쳐먹으십시오. 어떤 사람들은 하나님이 주신 기름부음을 하나님이 주신 소질정도로 평가 절하하여 생각함으로 기름부음을 쇠퇴시키고 있습니다.

믿기지 않는 일이긴 하지만, 죄를 지어도 그리고 자신의 영광을 구해도 하나님이 주신 성령의 은사들은 계속 나타남으로 하나님의 사역을 계속해 나갈 수가 있는 것이 사실입니다. 이것은 전적으로 하나님의 은혜입니다. 그러기에 성경은, "하나님의 은사와 부르심에는 후회하심이 없느니라."(롬 11:29) 라고 말하고 있습니다.

그러나 그런 사람은 처음에는 사역에 열매가 나타나는 듯 싶어도 종국에는 죄된 삶으로 인해 사역이 오래가지 못합니다. 그들의 사역은 마치 냄비에 끓인 물이 금방 식듯이 곧 식어버리게 됩니다. 죄를 지으며 하나님의 사역을 이루겠다는 것은 총으로 별을 쏘겠다는 것과 같습니다. 처음에는 사역자에게 하나님의 역사가 나타나서 사람들이 모이지만 사역자가 시험을 당하면 죄로 인해 굳건하게 서 있을 수 없기에 성령 하나님께 자신을 포기해 드리기가 어렵게 되고, 이로 인해 사역의 문을 닫을 수밖에 없게 됩니다.

위글스워스가 쓴 편지에는 그의 인내하는 믿음, 거룩함 및 겸손의 성품들이 풍겨납니다. 이러한 성품들은 우리에게 필요한 더할 나위 없이 귀한 성품들입니다. 20세기에 위대한 복음전도자들이 많이 나타났지만 그들 중 적지 않은 수의 사람들이 이러한 귀한 성품들이 결여되었기에 그들의 사역들이 여지없이 추락하고 말았습니다. "여자와 황금과 사람의 영광"을 추구함으로 여호와께 범죄하는 사람은 그 사람의 죄가 반드시 그 사람을 찾아낼 것(민 32:23)이라고 성경은 말하고 있습니다.

오늘날 그리스도의 몸인 교회에 참으로 필요한 것은 은사 사역뿐 아니라 "성령의 기름부음"의 반석위에 세워진 사역을 함으로 그 사역이 오래가도록 하는 것입니다. 우리에게는 거룩한 사람들이 필요합니다. "한 마음"(행 1:14)을 가진 사람들이 필요합니다. 그분에게 장악되고 그분에게 자신을 양보해 드리는 하나님의 "불꽃"을 속에 갖고 있는 겸손한 사람들이 필요합니다. 마음속에 성령이 있을 곳을 마련해 놓고 있는 사람들이 필요합니다.

열쇠 # 6
어린 아이와 같은 마음(BABE SPIRIT)

예수님께서 하신 다음과 같은 말씀을 여러분들은 기억하실 것입니다: "천지의 주재이신 아버지여 이것을 지혜롭고 슬기 있는 자들에게는 숨기시고 어린 아이들에게는 나타내심을 감사하나이다."(마 11:25) 예수님의 이러한 기도는 성령을 간구하는 모든 사람들에 대한 하나님의 마음 및 계획을 잘 나타내고 있는 기도입니다.... 만일 이 시간 여러분이 진정 어린 아이와 같은 마음을 가지고 있기에 하나님께 자신을 내어드릴 수만 있다면, 하나님께서는 그런 분들을 성령으로 채워주실 것입니다.

어린 아이와 같은 마음을 갖고 산다는 것, 성령께 자신을 내어드릴 수 있고 성령이 거하실 처소를 예비하면서 산다는 것은 참으로 좋은 것입니다.

진실로 너희에게 이르노니 너희가 돌이켜 어린 아이들과 같이 되지 아니하면 결단코 천국에 들어가지 못하리라. 그러므로 누구든지 이 어린 아이와 같이 자기를 낮추는 사람이 천국에서 큰 자니라. (마 18:3-4)

우리는 겸손해야 합니다. 겸손해 지는 것이 바로 우리가 하여야 할 일입니다. 어린 아이와 같은 마음을 가지겠다고 결단해야합니다.

어린 아이는 전적으로 타인에게 의존적입니다. 우리도 하나님에게 전적으로 의존하며 살아야합니다. 어린 아이는 가르쳐주는 대로 합니다. 그러나 우리는 우리의 그 알량한 작은 지식으로 하나님의 진리를 받아들이는 것을 거부합니다. 어린 아이와 같은 마음을 가지고 하나님과 그분의 길을 배우기를 사모해야 합니다. 어린 아이는

> 주 앞에서
> 영적으로 성숙하려면
> 어린 아이와 같은 마음을
> 갖고 살아야 합니다.

순수하고 죄가 없고(innocent) 남을 속이지 않습니다. 우리 마음에 이와 같은 어린 아이의 마음이 가득해야 합니다. 어린 아이는 부모의 말을 전적으로 신뢰합니다. 우리가 정말 어린 아이처럼 되어 모든 면에서 하나님만을 전적으로 신뢰하고

그분이 하시는 말씀들을 의심 없이 그대로 받아들일 수가 있을까요? 우리가 정말로 이런 어린 아이와 같은 마음을 가지고 있다면 하나님이 주시는 계시, 능력, 기름부음을 한껏 받게 되고 성령님이 거하실 마음의 처소를 기쁜 마음으로 항상 예비해 놓을 수 있게 됩니다.

성숙된 그리스도인이 되기 위하여 애쓰는 분들 중에서 많은 분들이 그리스도인의 성숙함과 세상 사람들의 성숙함을 동일시하기 때문에 어린 아이와 같이 되는 귀한 진리를 놓치고 있습니다. 성숙한 그리스도인이 된다는 것은 세상의 생각과는 전혀 배치되는 것입니다. 세상이 말하는 성숙한 사람이란 그 누구에게도 의존적이 되지 않고 스스로 설 수 있는 사람입니다. 그러나 영적으로 성숙한 사람은 하나님께 전적으로 의존적인 사람입니다.

예수의 삶을 살펴보면 이러한 세상의 성숙과 배치되는 면을 많이 있음을 알게 됩니다. 지는 자가 이기는 자이고, 섬기는 자가 가장 큰 자이고, 주는 자가 받는 자보다 복된 자라는 것이 예수의 삶이자 가르침이었습니다. 그분은 생명을 얻으려면 자신의 목숨을 버려야한다고 말씀하셨습니다.

어린 아이와 같은 마음을 상실한다는 것은 마음 문을 닫고, 배우려고 하지 않고, 하나님께 의존적으로 되려 하지 않고, 어린아이가 가지는 기쁨과 겸손이 없다는 것을 의미합니다. 그런 사람은 결국 하나님이 계획하신 삶을 살아 나갈 수가 없게 됩니다. 나의 형제들이여, 만일 당신이 하나님에 대해 어린 아이와 같은 마음을 잊어버렸다면, 회개하시고 겸손해지십시오. 주 앞에서 다시 어린 아이와 같이 되십시오. 그렇게 되는 것은 참으로 가치있는 일입니다.

제 4 장

"내가 어찌하든
그분을 알기 원합니다."
("THAT I MAY KNOW HIM")

시작하는 글
"손가락을 올려 보세요."(Raise Your Finger)

그녀는 침대 위에 전혀 움직이지 않고 누워있었습니다. 그녀가 있는 방에는 죽음의 냄새가 가득 찼습니다. 수개월 동안 병이 그녀의 몸 전체로 퍼져나가서 그녀가 살 수 있는 가망성이 사라져 버렸습니다. 그녀는 자신의 자녀들을 위해 다시 소생하기를 간절히 원했습니다. 그녀가 당하고 있는 육체의 고통은 참으로 참기 어려운 것이었습니다. 그녀에게는 아무런 희망도 보이지 않았습니다.

그녀는 자신의 거친 호흡 소리에 고통스럽게 몸을 떨며 일찍 잠에서 깨어났습니다. 그녀는 깨어나자 이 오래된 병마의 고통에서 자신을 구원해 달라고 하나님께 기도를 올렸습니다. 그녀에게 남은 힘이라고는 전혀 없었습니다. 그녀는 울고 싶어도 울 힘이 없었고, 몸을 움직이고 싶어도 움직일 힘이 없었습니다. 그녀는 병에서 벗어나고 싶었지만 오늘이 그녀의 마지막 날이라는 생각을 지워버릴 수가 없었습니다. 그녀는 자신이 병에서 낫기만 한다면 아름다운 삶을 살 수 있을 것이라는 생각과 이런 고통의 삶은 의미가 전혀 없다는 생각을 하고 있었습니다. 이 때 갑자기 그녀가 누워 있는 방문을 세차게 두드리는 소리가 그녀의 귀에 들렸습니다.

그녀가 출석하고 있던 교회의 장로님인 피셔(Mr. Fisher)씨가 방문을 열고 그녀에게 다가와, "내가 한분을 모시고 왔는데, 그분의 이름은 위글스워스라는 분입니다. 그분이 당신을 위해 기도해 주실 것입니다."라고 말하였습니다.

그녀는 회색 수염을 기르고 있고 눈에서 빛이 나는 한 노인이 자기 곁에 서있는 것을 힘없이 바라보았습니다. 그 노인이 말을 할 때에 그 말에서 권세가 묻어나왔습니다. 그 노인을 바라보는 그녀는 그 노인에게서 예수님의 사랑을 느낄 수가 있었습니다.

"저는 당신이 약한 상태에 있다는 사실을 잘 알고 있습니다. 만일 당신이 병에서 낫기를 원한다면, 현재 상태로서는 팔을 들 수도 없고 몸을 움직일 수도 없지만, 아마도 손가락을 들어보는 것은 가능할 것입니다. 손가락을 올려 보세요."

이 노인에게는 비범한 것이 있었고 이 노인이 말하는 소리에는 그 어떤 권세의 기운이 나와서 누워있는 그녀에게 전달되는 것 같았습니다. 이 말을 들은 그녀는 "네, 저는 낫기를 원합니다!"라는 표정을 지어보였습니다.

그녀는 있는 힘을 다해 두 번째 손가락을 들어 올리려고 하였습니다. 그 노인이 그녀의 손가락의 움직임을 예의 주시하고 있는 동안, 그녀의 손가락이 위로 조금 올라갔습니다.

그러자 모든 것이 순식간에 변화였습니다. 그녀의 고통이 사라졌습니다. 그녀 자신은 그 순간 더 이상 자신이 누워있던 침대 위에 누워있지 않았습니다. 그녀 주위에는 수많은 사람들이 둘러서서 영광스런 찬양을 하고 있었습니다.

거기에는 예수님이 계셨습니다. 오, 얼마나 아름다운 그분이신인가 라고 그녀는 생각하였습니다. 그분의 얼굴에서는 이 우주 만물을 다 비출 만큼의 빛이 나왔습니다.

피셔 장로는 고통과 두려움에 가득 차서 "죽었어. 그녀가 죽었어."라며 소리를 질렀습니다. 그 장로는 위글스워스가 와서 기도해주면 그녀가 혹시 나을 수도 있다는 생각에서 그를 그녀에게로 모시고 왔는데, 그만이야 그녀가 죽고 만 것입니다. 그 장로는 사람들이 그녀가 죽은 것에 대해 자신을 나무랄 까봐 나무 의자에 앉아서 얼굴을 손으로 가리며, "오, 이 일을 어쩌나?"라며 흐느꼈습니다.

피셔 장로가 흐느끼는 동안, 위글스워스는 그녀가 덮고 있던 이불을 벗긴 후, 그녀의 몸을 침대위에서 끌어내었습니다. 위글스워스는 이미 호흡이 끊어진 그녀의 시체를 벽에 기대어 세웠습니다. 그녀의 몸에서는 이미 맥박이 뛰지 않았습니다. 숨도 쉬지 않았습니다. 그녀는 완전히 죽은 것입니다.

위글스워스는 그녀의 얼굴을 쳐다보며, 엄숙하고도 단호한 목소리로, "예수의 이름으로, 내가 죽음을 꾸짖는다."라고 명령하였습니다. 피셔 장로는 위글스워스가 하는 것을 놀라서 바라보았습니다. 그가 미친 짓을 하고 있는 것은 아닌가라고 피셔 장로는 생각하였습니다. 도대체 그가 무슨 짓을 하고 있는 것이란 말인가? 위글스워스가 그러한 명령을 끝내자마자, 그녀의 죽었던 몸이 떨기 시작했습니다.

"예수의 이름으로 명하노니, 걸으십시오."라고 위글스워스가 그녀에게 명령하였습니다. 살아난 그녀는 단지 예수께서 그녀를 보며 손가락으로 그녀를 가리켰던 것만을 기억하였습니다. 오, 그녀는 죽어 있는 짧은 시간 동안 주님을 만나는 놀라운 경험을 한 것입니다. 예수님께서 그녀를 바라보고 있는 동안 그녀는 어린 아이가 되었습니다. 예수님의 모습이 그녀에게서 흐릿해 지기 시작하자 그녀의 귀에, "예수님으로 이름으로 명하노니, 걸으세요! 걸으세요!"하는 소리가 들렸습니다.

그녀는 자신이 누워있던 방안을 걷고 있는 자신을 발견하고는 소스라치게 놀랐습니다. 그녀는 자신의 육체에 힘이 있는 것을 느꼈고 자신에게서 병마가 떠난 것을 알 수 있었습니다! 고통이 사라졌고 암 덩어리도 사라졌습니다. 피셔 씨는 너무도 놀라 입을 벌린 채 그녀를 뚫어져라 바라보았습니다.

그날 밤 그녀를 담당했던 의사가 교회의 예배에 참석하여 그녀가 자신이 살아난 간증을 하는 것을 들으며 놀라워하였습니다. 그녀는 천국을 방문한 경험을 결코 잊을 수 없었고, 자신이 누워있는 방에 들어와 믿음에 가득한 음성으로 자신을 쳐다본 스미스 위글스워스의 얼굴 모습을 잊을 수가 없었습니다.[14]

"내가 어찌하든 그분을 알기 원합니다."
("THAT I MAY KNOW HIM")

사도 바울은 빌립보서 3장 10절에서, "내가 어찌하든지 그리스도를 알고자 한다.(That I may know Him.)"고 외쳤습니다. 스미스 위글스워스의 외침은 바울의 이러한 외침과 다를 바가 없습니다.

위글스워스의 어찌하든지 그리스도를 더 알고 싶어 하는 그의 지극한 소망은 하나님의 말씀에 대한 배고픔을 달래려는 행위로 표출되었습니다. 그래서 그는 수없이 오랜 햇수동안 매일 말씀을 먹었습니다. 그의 하나님과의 교제는 오직 하나님의 말씀을 중심으로 해서 일어났습니다. 그는 정말로 "평생 책 한권만 계속 본 사람"("a man of one book")이었습니다. 그가 평생 본 단 한권의 책은 이 세상에서 가장 위대한 책인 성경책이었습니다. 그는 정말로 성경을 제외한 다른 책은 단 한권도 읽지 않았다고 합니다.

그의 유일한 친구는 그의 손에 항상 들려있는 성경이었습니다. 그는 심지어 휴식시간에도 성경을 읽었습니다. 보통 여행을 다니는 사람들은 신문이나 잡지를 사서 읽습니다. 그러나 그는 여행을 다닐 때에도 성경만을 읽었습니다. 위글스워스와 꽤 친하게 지냈고 그와 오랜 동안 함께 여행을 다녔던 그의 사위 제임스 살터(James Salter)는, "위글스워스는 자신의 주머니에 하나님의 말씀 책을 집어넣지 않고는 결단코 집 밖을 나서는 법이 없었습니다."15)라고 하였습니다.

> 위글스워스는 자신의 주머니에 하나님의 말씀 책을 집어넣지 않고는 결단코 집 밖을 나서는 법이 없었습니다.

위글스워스는 일곱 살 때부터 가족을 부양하기 위해 하루에 무려 12시간에서 16시간을 일을 해야 하였으므로, 그에게는 기초 교육조차 받을 기회가 주어지지 않았습니다. 그러므로 그는 원래 글을 읽거나 쓸 수 없었습니다. 그러나 그럼에도 불구하고 그는 십대가 될 때부터 어디를 가든지 신약 성경책을 갖고 다녔습니다. 그는 성경의 글들을 읽을 수는 없었지만, 어렸을 때부터 성경에 대한 놀라운 이해력을 가졌고 성경을 매우 귀하게 여겼습니다.

위글스워스 이십대 중반의 나이가 될 때까지 글을 제대로 읽지 못하였습니다. 그래서 그의 아내 폴리(Polly)가 그에게 성경을 읽는 것과 글을 쓰는 법을 가르쳐 주었습니다. 이때부터 그는 정녕 성경만을 읽는 사람이 되었습니다.

그는 성경을 읽는 것을 너무도 중요하게 생각하였기에 식사를 하기 전에 성경 한 장씩을 꼭 읽었습니다. 그가 그렇게 한 것은 영적인 양식으로 채움 받는 것이 육의 양식으로 채움 받는 것보다 더 중요하다는 계시를 하나님으로부터 받았기 때문입니다.

많은 사람들이 성경에 "사람이 떡으로만 살 것이 아니라." (눅 4:4)라는 예수님의 말씀이 기록되어 있다는 사실을 잘 알고 있습니다. 그러나 그 사람들 중에서 과연 얼마나 많은 사람들이 우리가 음식을 섭취하듯이 자주 말씀을 섭취하고 있을까요? 그러나 위글스워스는 그렇게 하였습니다. 그는 진정으로 하루 세끼 밥을 먹듯이 하나님의 말씀을 먹었습니다. 아니, 음식을 먹는 것 보다 하나님의 말씀을 먹는 것을 훨씬 더 중요하게 생각하였습니다. 그리고 그는 식사하기 전에 성경 한 장씩을 읽는 것을 자신의 습관으로 만들었습니다.

한번은 그가 이스라엘에 갔을 때 어떤 여자 선교사의 집에 머물게 되었는데, 이 여자 선교사는 시간 관리에 있어서 매우 엄격한 사람이었습니다. 이 집에 머물고 있던 위글스워스가 식사 시간이 되자 식탁에 앉아 평상시처럼 성경을 꺼내 읽기 시작하였습니다. 그러자 그 여자 선교사는 그에게 식사 시간에 성경을 읽는 것은 적합하지 않다고 말하였습니다. 그러자 이 말에 대해 위글스워스는 상대방을 존중하면서도 매우 단호한 어조로 하나님 아버지의 말씀을 듣는 것이 식사의 중요한 부분이 되어야함에 대해 피력하였습니다. 위글스워스가 이러한 말을 할 때에 그에게서 너무도 큰 권위와 확신이 풍겨져 나왔기에 그 여자 선교사는 그의 견해에 동조할 수밖에 없었습니다. 그리고 전해지는 이야기에 의하면 그날부터 그 여자 선교사의 집의 전체 분위기가 완전히 바뀌었다고 합니다.

삶의 열쇠(LIFE KEY): 당신이 위글스워스의 삶으로부터 배워 지금 당장 행동으로 옮길 수 있고 당신에게 실제적 도움을 주는 열쇠를 당신에게 드리겠습니다. 매 식사 전에, 성경 한 절(passage)씩 읽으십시오. 다른 사람들과 같이 식사를 할 경우라면, 소리 내어 식탁에 앉은 사람들에게 읽어주고 나서, 읽은 것에 대해 잠시라도 서로의 의견을 나누면서 식사를 하십시오.

위글스워스는 참으로 성경 말씀을 사랑했습니다. 그는 이 세상에서 가장 가치 있는 것은 성경을 읽는 것이라고 믿었습니다. 그는 만일 성경 책 한권만 가질 수 있다면 그 어떤 것도 버릴 수 있다고 말하곤 하였습니다. 그는 곧 잘 "만일 내가 성경 없이 다니는 것을 본 사람이 있다면 나는 그 사람에게 5 파운드의 돈을 주겠다."[16)]라고 하였습니다. 그 당시에 5 파운드의 돈은 상당한 액수의 돈이었습니다.

그는 느낌이나 경험을 통해서가 아니라, 성경 말씀을 통해서만 하나님을 제대로 알고 이해할 수 있다고 믿었기에, 평생 성경을 손에서 놓지를 않았습니다. 위글스워스는 하나님과 같이 있는 것이 제일 중요한 것이라는 것을 일찍부터 터득하였습니다. 그는 아무리 중요한 일이라도 뒤로 제쳐놓고 먼저 성경을 읽음으로 하나님과 자신 둘만 있는 것을 그의 평생 습관으로 삼았습니다. 그 결과 그는 성경에 대한 해박한 지식을 소유하였을 뿐 아니라 그 말씀이 그의 삶을 통해 살아서 역사하는 생명력 있는 말씀이 되었습니다. 그의 "성경 말씀을 향한 그의 사랑은 날이 갈수록 불타올랐고" 또한 "그는 기록된 성경 말씀에 대한 엄청난 확신을 갖고 살았습니다."[17]

오늘날 많은 사람들이 성경 말씀에 관한 지식은 엄청나게 축적하고 있지만 그 말씀을 깊이 사랑하는 사람들은 소수에 불과합니다. 성경은 우리에게 "지식은 교만하게 하며 사랑은 덕을 세운다."(갈 8:1)라고 가르치고 있습니다. "사랑으로써 역사하는 믿음"(갈 5:6)이 제일입니다. 사랑을 받을 때 우리가 세움을 받습니다. 위글스워스는 사랑을 통해 그의 믿음이 굳건히 세움을 받았습니다.

그는 성경을 지속적으로 읽었을 뿐 아니라, 다른 사람들에게 성경을 읽으라고 촉구하는 일을 게을리 하지 않음으로 다른 사람들도 자신처럼 성경을 읽는 것을 사랑하도록 하였습니다. 그는 만나는 사람마다 늙은이건 젊은이건 가리지 않고 성경을 읽고 암송하도록 용기를 주었고, 마음 판에 성경말씀을 간직하게 함으로 필요할 때 마다 그 성경 말씀을 삶에 적용할 수 있도록 하는 데 심혈을 기울였습니다. 그는 설교 시 자주 다음과 같이 선언하였습니다.

성경은 하나님의 말씀이다.
성경은 시작이 초자연적이고,
계속성에 있어 영원하고,
가치가 무한하고,
시야가 측량할 수 없을 정도로 넓고,
새롭게 하는 능력이 충만하고,
권세가 있고 오점이 없고,
흥미로움이 전 우주적이고,
모든 인간에게 적용될 수 있고,
하나님의 영감으로 가득 찬 책이다.

성경을 읽으시고, 받아 적으시고, 성경으로 기도하시고, 성경을 삶에 적용하시고, 성경의 진리를 사람들에게 전하십시오.

하나님의 말씀인 성경은 힘은 너무도 위대하여 성경 말씀에 젖은 사람은 그 사람 자체가 "하나님의 편지"가 됩니다. 성경은 사람의 마음을 변화시키고, 성격을 변화시키고, 사람을 하나님의 더 큰 은혜로 인도하고, 사람 속에 하나님의 성품이 가득 차게 합니다. 하나님의 말씀에 자신을 열어놓고 있는 사람에게 하나님이 오셔서 그 사람 속에 거하시고 그 사람과 대화를 나누시고 그 사람과 같이 식사하십니다.[18]

이 외에도, 위글스워스는 하나님의 말씀에 무조건 순종하고 온전히 순종해야 한다고 가르치면서, "순종이 제사보다 낫다."

(삼상 15:22)는 말씀을 자주 인용하였습니다. 그는 하나님의 말씀에 순종하였고, 다른 사람들도 자신처럼 하나님의 말씀에게 순종하며 살기를 바랐습니다. 참 믿음을 가진 사람이라면 반드시 그분의 명령에 순종할 수밖에 없다고 그는 믿었습니다. 그의 이러한 하나님에 대한 순종과 하나님의 말씀에 대한 깊은 신뢰의 결과 그의 사역은 점점 커져만 갔습니다.

그는 하나님의 말씀에 너무도 심취해 있었기 때문에 그가 설교하노라면 그의 속사람으로부터 하나님의 생명이 흘러나왔고, 그의 설교를 듣는 사람들은 예수를 믿는 자든 믿지 않는 자든 상관없이 하나님이 살아계심을 자각하지 않을 수가 없을 정도였습니다. 그의 영과 혼은 항상 하나님의 말씀으로 가득 채워졌기에, 그가 그토록 대단한 믿음의 소유자가 된 것은 당연하다고 하지 않을 수 없습니다. 그는 실로 자신의 믿음을 모인 청중들에게 다량으로 전이시킴으로, 그의 설교를 듣는 자들이 그가 가진 믿음과 동일한 믿음을 갖게 되어 그 결과 치유받고, 귀신들이 떠나고, 기적이 일어나는 일들이 자주 일어났습니다. 그가 인도한 집회들에는 항시 기적과 이사들이 마치 강물이 흘러가는 것처럼 자연스럽게 일어났습니다.

그는 가는 곳마다 그 곳의 영적인 분위기를 쇄신시켜놓았기 때문에, 이로 인해 신앙을 가진 사람들 뿐 아니라 불신자들 까지도 하나님은 살아서 역사하신다고 믿게 되는 일들이 일어났습니다. 그는 가는 곳마다 하나님에 대한 믿음과 배고픔과 성령이 주시는 감미로움(sweetness)을 풀어 놓았습니다. 그가 이렇게 한 것은 그가 아니라 그 속에 거하였던 하나님의 살아 있는 말씀이었다는 사실을 그는 잘 알고 있었습니다.

사람들은 스미스 위글스워스가 보여주었던 하나님의 기적과 능력을 오늘날도 보고 싶어 합니다. 우리는 그의 삶으로 쓴 그의 생의 편지를 읽고 생각해 봄으로 그의 능력의 근원이 무엇인지를 알 수 있습니다. 하나님의 말씀을 소중히 여기고 사랑하는 사람, 그리고 그 말씀을 육의 양식을 먹듯이 자주 먹는 사람, 그래서 말씀이 주는 귀한 맛을 자주 맛보는 사람은 그리스도가 보여주었던 성품과 능력과 권세를 위글스워스가 가졌듯이 가질 수 있습니다.

여러분들은 아마 이 책을 읽기 전에도 성경을 자주 읽어야 할 필요성에 대해 이미 들었거나 배웠을 것입니다. 그리고 그러한 필요성에 대해 앞으로도 다시 듣게 되고 배우게 될 것입니다. 그러나 그러한 필요성에 대해 아무리 듣고 배워도, 위글스워스가 그랬던 것처럼 당신의 마음속으로 그 말씀을 받아들여, 그 말씀이 당신의 심령을 불태우고, 당신이 그 말씀 속에 담긴 하나님의 사랑으로 점령당하지 않는 한, 하나님의 당신의 삶을 통해 이루시고자 하시는 그분의 계획은 결코 온전히 이루어지지 않을 것입니다.

저는 위글스워스의 삶의 편지가 기록된 이 책의 중요성을 강조하지 않을 수 없습니다. 하나님에 대한 배고픔이 하나님의 능력이 나타나게 하는 원동력입니다. 그리고 하나님의 말씀은 그렇게 되도록 하는 굳건한 터에 해당합니다. 그 단단한 터 위에 집이 지어져야 그 집이 안전합니다. "이 닦아 둔 것 외에 능히 다른 터를 닦아 둘 자가 없으니 이 터는 곧 예수 그리스도라."(고전 3:11) 예수님이 말씀이십니다.

하나님께서는 자신이 다 쓰고 남는 시간에 하나님을 사랑하기 보다는 하나님의 스케줄에 자신을 맞추는 사람들을 많이 일으켜 세우실 것입니다. 그분께서는 육의 양식보다 영의 양식을 더 귀하게 생각하는 사람, 자신에게 어느 날 하나님의 능력이 임할 것이라는 막연한 기대 속에서 살지 않고, 하나님 그 자체를 항상 몸에 지니고 사는 사람, 생명 말씀되신 살아계신 예수 그리스도께서 자신의 전 존재를 장악하시도록 허락함으로 세상을 바꾸고 싶어 하는 사람, "그리스도와 그 부활의 권능과 그 고난에 참여"(빌 3:10)함으로 그리스도를 알고자 간절히 원하는 사람들을 찾고 계시고, 그런 사람들을 새 세대의 일꾼으로 일으켜 세우실 것입니다.

* * * * * * * * * *

"내가 어찌하든 그분을 알기 원합니다."
스미스 위글스워스의 설교

저는 오늘 이 아침에 우리 모두가 다 한 목소리로 빌립보서 3장을 다 같이 읽는다면, 하나님께서 무척 기뻐하실 것이라고 생각합니다.

"하나님의 성령으로 봉사하며 그리스도 예수로 자랑하고 육체를 신뢰하지 아니하는 우리가 곧 할례파라.... 그러나 무엇이든지 내게 유익하던 것을 내가 그리스도를 위하여 다 해로 여길뿐더러 또한 모든 것을 해로 여김은 내 주 그리스도 예수를 아는 지식이 가장 고상하기 때문이라. 내가 그를 위하여 모든 것을 잃어버리고 배설물로 여김은 그리스도를 얻고 그 안에서 발견되려 함이니 내가 가진 의는 율법에서 난 것이 아니요 오직 그리스도를 믿음으로 말미암은 것이니 곧 믿음으로 하나님께로부터 난 의라. 내가 그리스도와 그 부활의 권능과 그 고난에 참여함을 알고자 하여 그의 죽으심을 본받아 어떻게 해서든지 죽은 자 가운데서 부활에 이르려 하노니, 내가 이미 얻었다 함도 아니요 온전히 이루었다 함도 아니라, 오직 내가 그리스도 예수께 잡힌 바 된 그것을 잡으려고 달려가노라. 형제들아 나는 아직 내가 잡은 줄로 여기지 아니하고 오직 한 일 즉 뒤에 있는 것은 잊어버리고 앞에 있는 것을 잡으려고 푯대를 향하여 그리스도 예수 안에서 하나님이 위에서 부르신 부름의 상을 위하여 달려가노라." (빌 3:3, 7-14)

여러분 각자가 오늘 하나님께서 여러분을 향한 이 말씀에 기록된 비전을 여러분의 심령 속에 펼쳐주시도록 기도하십시다. 하나님께서는 그분의 능력으로 성경에 기록된 하나님의 말씀에 대해 귀한 믿음을 우리 모두가 동일하게 갖게 해 주실 것이라고 믿습니다.

성경의 영적 깊이는 너무도 깊어 성경을 진실한 마음으로 대하는 사람은 하나님에 대한 이해가 깊어지지 않을 수 없습니다. 사랑하는 여러분들이여, 오늘 이 아침에 제가 여러분들에게 드릴 수 있는 말은 하나님께서는 여러분들이 그렇게 되도록 해주실 수 있는 분이시라는 말입니다.

하나님께서 "그의 신기한 능력으로 생명과 경건에 속한 모든 것을 우리에게 주셨다."(벧후 1:3)고 성경은 말하고 있습니다. 우리가 믿음을 가지고 있다면 생명과 경건에 관한 모든 것들이 우리에게 풍성하게 주어져서 우리가 모든 것들을 분명하게 깨달아 알 수 있게 되고, 하나님이 우리에게 주신 것들이 우리의 것이라고 선포할 수 있게 됩니다. 그러므로 오늘 이 아침에 저는 하나님께서 그분의 의로우심의 심오함이 얼마나 깊은지에 대해 우리로 하여금 깨닫도록 하심으로 우리가 그분의 성령으로 인해 하나님 안에서 가난뱅이가 아니라 부요한 자가 되기를 간절히 기도합니다. 사랑하는 여러분들이여, 우리 주 예수 그리스도로 말미암아 우리가 하나님을 아는 지식과 하나님의 은혜를 받는데 있어서 우리를 부자로 만들어 주는 것이 하나님의 계획이라는 사실을 여러분이 아셔야합니다.

오늘 우리가 들을 사도 바울의 메세지는 그 영적인 깊이와 높이와 길이와 넓이를 이루 헤아릴 수 없을 정도입니다. 사도 바울은 마음이 깨어진 상태에서, 모든 것을 잃어버린 상황에서, 모든 어려움들을 견뎌가며 육체에 속한 모든 것들과 이 세상에 속한 모든 것들을 버린다고 선포하였습니다.

성령을 통하지 않고서는 절대로 하나님을 경배할 수 없습니다. 하나님께서는 우리를 영적인 장소로 이끌어 가셔서, 우리의 모든 지식이 영적인 기초 위에만 세워지도록 하십니다. 그렇게만 된다면 하나님께서 우리를 높여주십니다.

사람들은 스스로를 높이고 싶어 하지만, 거기에는 하나님이 계시지 않으십니다. 그러나 성령님께서 여러분들을 높여주시면, 그래서 하나님이 여러분과 동행하시게 되면, 모든 일이 서로 조화롭게 돌아가게 됩니다. 그 결과 여러분은 승리하게 됩니다. 우리가 하나님께서 이끄시는 승리의 곳에 도달하게 되면, 사도 바울의 말처럼 "그리스도 예수로 자랑하고 육체를 신뢰하지 아니하게 됩니다."(빌 3:3)

바울은 하려고만 하면 자신도 얼마든지 "육체를 신뢰할 만하다."(4절) 고 말할 수 있을 정도의 사람이었습니다. 왜냐하면 바울은 율법을 흠이 없을 정도로 다 지켰기 때문입니다. 그러나 하나님이 그의 삶에 들어오셔서 그를 통치하시기 시작하셨습니다. 주님이 우리의 삶에 들어오셔서 우리를 통치하시는 것보다 더 좋은 것은 없습니다. 그렇게 된다면 율법을 온전히 지킴으로 자신의 의로움을 나타내려는 시도를 더 이상 하지 않게 됨으로, 우리는 더 이상 자신에 대해서는 자랑할 것이 없게 됩니다.

오, 온전하신 예수를 바라보는 것은 얼마나 아름다운 것인지요! 예수는 그 어떤 것 보다 훨씬 뛰어난 분이십니다. 예수가 그토록 뛰어난 분이시란 사실을 알게 된 바울은 그가 행했던 율법의 행위들과 자신이 가지고 있던 모든 것들을 배설물처럼 여겼습니다. 그는 그 속에 선한 것이 하나도 없다는 사실을 철저히 깨달았습니다, 이러한 점에서는 우리도 마찬가지기에 우리의 무익함과 무능함을 철저히 깨달아야합니다.

저는 성령 안에서 산고의 고통으로 기도한다는 것이 무엇을 뜻하는 지를 잘 압니다. 그것은 무거운 짐을 지고 있는 것과 같은 것이어서 산고의 기도에서 벗어날 때는 후련하기까지 합니다. 저는 과거에 그런 과정들을 여러 번 경험하였고, 사실 오늘 아침에도 그런 고통을 느꼈습니다. 그러나 지금 하나님께서 그 고통의 짐을 나에게서 가져가시고 계십니다.

형제자매들이여, 하나님께서 여러분들을 깨어진 심령의 곳으로 데리고 가서서 우리를 그분의 위대한 계획에 합당한 자로 우리를 재형성시켜 주시지 않는다면, 우리가 가진 최고의 것들이 아무 쓸모가 없게 된다는 사실을 기억하십시오. 우리가 하나님의 강하신 손에 붙들린바 된다면, 하나님께서는 우리의 약점도 강점으로 만들어 주십니다. 하나님은 우리가 그렇게 되도록 하기 위해 먼저 우리 자신이 힘이 없음을 깨닫게 하시고, 산고의 고통과 같은 고통으로 하나님께 부르짖으며 기도하도록 하십니다.

우리가 얼마나 무력한 존재인지를 하나님께 고백해드리면 하나님께서 감동을 받으십니다. 우리는 극한 시련을 통해 마치 불로 정련된 빛나고 아름다운 금처럼 됩니다.

오, 사랑하는 여러분들이여, 우리의 마음이 깨어져야 오순절을 경험할 수 있습니다. 예수님은 깨어진 심령을 가지고 십자가에 달리셨습니다. 오순절은 예수에 대한 냉소와 조소, 예수가 마신 포도주 한 모금, 예수가 맞은 회초리, 예수에게 내려진 올바르지 못한 판결과 예수가 지신 십자가로부터 나왔습니다.

하나님께 영광 돌립시다! 예수님의 말씀에서 오순절의 종소리가 울려나옵니다. "다 이루었다.(It is finished)"(요 19:30)는 예수님의 말씀은 당신을 위한 선언입니다. 지금, 모든 것이 예수의 죽음으로 인해 다 이루어졌습니다. 그렇기에 주님이 죽으신 죽음과 영광스런 부활로 인해 우리는 하나님께서 우리를 위하여 이루신 그것들을 예수와 함께 누릴 수가 있게 되었습니다.

하나님의 만지심으로 우리의 죽었던 심령이 소생하는 경험을 매일 해야 합니다. 우리는 그분의 형상을 매일 닮아가야 합니다. 우리는 매일 매 순간 새롭게 될 수 있도록 창조되었습니다. 모든 지식과 은혜를 한꺼번에 다 수용할 수는 없습니다. 시작의 시점이 있습니다. 하나님은 오늘 아침이란 시간이 여러분들이 하나님의 능력을 받는 시작의 시점이 되길 원하십니다. 계속 자리에서 일어나서 완전을 향하여 전진하시고, 결코 중단하지 마십시오. 하나님이 오늘 우리에게 주시는 복된 말씀은 다음과 같습니다.

> 무엇이든지 내게 유익하던 것을 내가 그리스도를 위하여 다 해로 여길뿐더러 또한 모든 것을 해로 여김은 내 주 그리스도 예수를 아는 지식이 가장 고상하기 때문이라. 내가 그를 위하여 모든 것을 잃어버리고 배설물로 여김은 그리스도를 얻기 위함이다.(빌 3:7-8)

히브리서 10장 32절에는 다음과 같은 말씀이 기록되어 있습니다.

전날에 너희가 빛을 받은 후에 고난의 큰 싸움을 견디어 낸 것을 생각하라.

저는 성령의 조명이 없이는 그 어떤 사람도 예수와 같은 마음을 품을 없다고 굳게 믿고 있습니다.

하나님께서는 모든 사람들이 성령 세례를 받을 수 있도록 애써달라고 당부하는 말씀을 여러 번에 걸쳐 저에게 하셨습니다. 성령 세례에는 하나님의 무한하신 은혜가 있습니다. 성령을 통해 계시를 받으면 오래 참음의 속성이 우리에게 나타납니다.

성령의 조명없이는 그리스도가 얼마나 대단한 분이신지를 전혀 알 수 없습니다. 저에게 성령님은 그분의 깊이의 심오함을 잘 설명해주시는 분이십니다. 저는 그리스도를 증거해야 합니다. 예수님께서 도마에게, "너는 나를 본 고로 믿느냐 보지 못하고 믿는 자들은 복되도다."(요 20:29)고 하셨습니다.

하나님께서 깨닫게 해주시지 않으면 그 어느 누구도 그리스도를 포함한 삼위의 하나님을 올바로 이해할 수 없습니다. 저는 사도 바울처럼 성령의 조명으로 인해 그리스도의 깊이와 높이의 장대함을 이해하게 되기를 간절히 원하였습니다.

바울이 회심하기 전에는 자신의 열정으로 그리스도인들을 죽일 수 있는 일이라면 무슨 일이든 하였습니다. 그 당시 바울 속에 있었던 열정과 분노는 마치 사자의 울부짖음과 같았습니다. 그러나 그는 다메섹으로 가는 도중에 자신에게, "사울아, 사울아, 네가 어찌하여 나를 박해하느냐?"(행 9:4) 라고 말씀하시는 예수님의 소리를 듣게 되었습니다.

하나님께서 부드러움으로 사울에 개입하신 것입니다. 형제들이여, 우리가 죄로 인해 악해지고 약해질 때 하나님은 부드러움으로 우리에게 다가와 우리를 소생시켜 주십니다. 그러나 사람들은 우리를 좌절시키기 위해 위협하며 우리를 코너로 몰아세웁니다. 우리가 악하고 나약할 때 하나님께로 가면 그 분께서는 우리의 모든 죄를 용서해주십니다. 오, 사랑하는 여러분들이여, 그분을 소유하십시오!

인간의 마음속에는 수천가지의 세상 것들이 들어있기 때문에 인간은 하루에도 수천 번씩 자신의 마음을 부드럽게 해야 할 필요가 있습니다. 하나님께서 우리에게 그분의 위대성을 매 순간 마다 우리에게 계시해주지 않으시면 우리는 온전히 깨어져 재가 되는 경험을 할 수 없습니다. 그렇기 때문에 하나님은 우리를 한번만 구원하시고 관두시는 것이 아니라 우리를 수천 번도 더 구원해 주십니다.

오, 살아계신 하나님이 주시는 성령의 능력으로 인해 새롭게 거듭남으로 인해, 우리는 그분을 소유할 수 있기 되었고 그분과 같이 있을 수 있게 되었습니다. 그분으로 인해 그분이 거룩하시듯이 우리도 거룩해 진 것입니다. 성경은 이에 대해 다음과 같은 말로 선포하고 있습니다.

그 안에서 발견되려 함이니 내가 가진 의는 율법에서 난 것이 아니요 오직 그리스도를 믿음으로 말미암은 것이니 곧 믿음으로 하나님께로부터 난 의라. (빌 3:9)

우리의 의로운 행위에 의하지 않고 하나님의 신실하심으로 인해, 그 어떤 환경이 우리를 누른다고 하여도, 우리는 그분의 임재로 인해 안전할 수 있고, 그분 안에 숨을 수 있습니다. 이러한 사실은 그 얼마나 영광스러운 사실인지요!

성령은 우리가 그리스도 안에 있고, 그리스도는 하나님 안에 있다고 선언하고 있습니다. 누가 전능하신 하나님의 능력의 곳에 있는 당신을 그 곳에서부터 다른 곳으로 옮겨 놓을 수 있단 말입니까? "누가 우리를 그리스도의 사랑에서 끊으리요? 환난이나 곤고나 박해나 기근이나 적신이나 위험이나 칼이랴?"(롬 8:35). 죽음도, 생명도, 권세자들도, 능력도 당신을 하나님의 사랑에서 끊을 수 없습니다.(38절) "이 모든 일에 우리를 사랑하시는 이로 말미암아 우리가 넉넉히 이기느니라."(37절) 그렇게 되기 위해서 우리는 반드시 그 분 안에 있어야합니다. 그 분 안에는 안전이 있습니다. 그 곳은 예수 안에서의 안식과 믿음의 곳입니다. 이 세상에 그분 안에 있는 것보다 좋은 것은 결코 있을 수 없습니다.

예수님께서 물위를 걸으셔서 제자들에게 다가 왔을 때, 제자들은 놀랐습니다. 그러나 예수님은 놀란 제자들에게, "안심하라. 나니 두려워하지 말라."(마 14:27)고 하셨습니다. 사랑하는 여러분들이여, 그분은 항상 계십니다. 폭풍이 불어도 평화로워도 주님은 항상 우리와 함께 계십니다. 우리가 어려운 일을 당해도 주님은 우리와 함께 계십니다. 우리가 그분과 함께 계신다는 사실을 어떻게 알 수 있습니까? 우리가 "그분 안에서 발견되면"(빌 3:9) 압니다. 그분 안에서 있고 그분 안에서 발견된다는 것은 우리의 힘과 노력으로 애쓰는 것이 아니라 전능하신 그분 안에서 안식하는 것입니다.

오, 하나님의 아들이 실패할 수 있습니까? 없습니다. "이스라엘을 지키시는 이는 졸지도 아니하시고 주무시지도 아니하시리로다."(시편 121:4) 그분은 우리를 계속해서 지켜주십니다. 그러나 그렇게 되기 위해서는 우리는 반드시 그분 안에 있어야합니다.

저는 예수 안에 은신처가 있다는 사실을 잘 알고 있습니다. 오늘 아침 여러분들이 그 은신처 안으로 들어가길 바랍니다. 형제들이여, 여러분들은 삶의 여러 가지 문제들로 인해 짓눌린 삶들을 살아오셨습니다. 어떤 분은 어려움으로 인해 거의 부셔져 있습니다. 여러분들은 때때로 내가 이런 어려움에서 과연 빠져 나올 수가 있을까라고 자문하기도 했을 것입니다. 여러분들은 자각하지 못하였을 수도 있지만, 여러분이 아무리 어려운 일을 당하였을 때라도 하나님께서는 여러분의 어려움을 통해 위대한 일을 계획하고 계셨습니다. 이러한 사실을 잘 알았기에 사도 바울은, "내가 그리스도와 그 부활의 권능과 그 고난에 참여함을 알고자 한다."(빌 3:10) 라고 고백할 수 있었습니다.

예수님께서 마르다에게, "나는 부활이요 생명이다."(요 11:25)라고 말씀하셨습니다. 오늘은 부활의 날입니다. 우리는 깨어진 심령 속에 담긴 하나님의 부활의 능력을 알아야 합니다. 오, 그분의 부활의 능력을 알고, 믿음을 통해 안식을 경험하는 것은 얼마다 좋은 것인지요! 오늘 이 아침 여러분 안에 부활의 능력이 있다는 사실을 알게 되었으면 좋겠습니다! 그래서 여러분들 모두가 다 성령 안에서 주님의 아름다움을 경험하게 되었으면 좋겠습니다.

믿음이 있다고 말하는 것과 구석에 몰린 후에 믿음이 있다는 것이 증명되는 것은 서로 다릅니다. 성경은 만일 우리에게 믿음이 있으면 "믿음대로 된다."(마 9:29)고 말하고 있습니다. 예수님께서는 우리에게, "무엇이든지 기도하고 구하는 것은 받은 줄로 믿으라. 그리하면 너희에게 그대로 되리라."(막 11:24)고 말씀하셨습니다.

예수님은 부활이시고 생명이십니다. 우리는 이러한 사실에 주목해야합니다. 하나님은 우리가 그런 사실을 알고 주목할 수 있도록 도와주십니다. 누구든지 그분께로 나가면 그분께서 우리를 "눈과 같이 희어지게"(사 1:18) 해주시고, 그분처럼 거룩하고 정결하게 만들어 주십니다. 그 결과 우리는 그분의 은혜의 보좌로 담대하게 나아갈 수 있게 됩니다.(히 4:16)

그분의 거룩함 안에 있을 때 담대해집니다. 우리가 담대할 수 있는 것은 우리가 그분의 진리 안에 있는 때에 한해서입니다. 만일 여러분이 깨끗하지 않다면 담대한 믿음을 가질 수 없습니다.

예수의 "고난에 참예"한다는 것(빌 3:10)은 얼마나 귀한 것인지요. 만일 우리가 그리스도의 고난에 참예하지 않는다면 우리에게 힘이 없게 됩니다. 능력을 갖고 계신 주님은 손 마른 병자의 손을 고쳐주셨고, 스스로 도울 힘조차 없어 주님을 찾아와 무릎을 꿇은 여인에게 힘을 주시지 않았습니까? 하나님의 성령의 바람이 여러분의 심령에 불어 닥치면 부셔지는 경험을 하였더라도 다시 일어날 수 있습니다.

예수님께서는 하늘 아버지의 영광을 갖고 이 땅에 오셔서, 하나님 아버지를 우리에게 흘러넘치도록 보여주셨습니다. 주님께서 그렇게 하신 것은 창세전부터 갖고 계신 하나님의 계획이었습니다. 두려움에 가득차서 힘없이 살아가고 있는 인간, 죄를 짓고 그 죄를 숨기며 살아가고 있는 인간들을 하나님의 사랑으로 덮어주고 구원해주시는 것이 하나님의 창세전부터의 계획이었습니다. 하나님이 먼저 인간을 사랑하셨기에 인간을 구원해 주신 것입니다.

하나님께서 우리로 하여금 오늘 이 아침에 우리 모두가 예수의 고난에 참예하길 원하십니다.(빌 3:10) 그래서 우리의 기도를 통해 암으로 고통받는 사람들의 암이 떠나가는 일이 일어나기를 원하십니다. 고통받으며 힘없이 살아가고 있는 사람들을 볼 때 우리 안에서 하나님이 주시는 긍휼의 마음이 솟아나야합니다. 그들이 지고 있는 무거운 짐을 들어주고 싶은 마음, 그래서 그들이 자유롭게 되어 살아가는 것을 보고 싶고 마음이 생겨나야합니다.

마땅히 주님의 긍휼을 보여주어야 할 때 그렇게 하지 못함으로 우리는 승리를 자주 놓쳐왔습니다. 깨어진 마음을 가진 자의 고통에 참예하는 축복을 자주 놓쳐왔습니다.

예수의 고난에 참예하는 것이 이것으로 끝입니까? 아닙니다. 또 있습니다. 그분의 죽으심을 본받아야합니다.(빌 3:10)

> 내가 진실로 진실로 너희에게 이르노니 한 알의 밀이 땅에 떨어져 죽지 아니하면 한 알 그대로 있고 죽으면 많은 열매를 맺느니라.(요 12:24)

만일 여러분이 참으로 죽지 않으면, 완전한 십자가형을 당하지 않으면, 그래서 주님과 함께 죽지 않으면, 주님의 고난에 참예하는 것이 아니라는 사실을 알아야합니다. 우리는 주님과 함께 죽어야한다고 말만 할 것이 아니라 실제로 육이 이미 온전히 죽은 삶을 살므로 우리를 통해 그분의 생명이 나타나도록 해야 합니다. 바울은 다음과 같이 말하였습니다.

> 형제들아 나는 아직 내가 잡은 줄로 여기지 아니하고 오직 한 일 즉 뒤에 있는 것은 잊어버리고 앞에 있는 것을 잡으려고 푯대를 향하여 그리스도 예수 안에서 하나님이 위에서 부르신 부름의 상을 위하여 달려가노라.(빌 3:13-14)

바울은 예수 그리스도에 의해 잡힌바 된 그것을 붙잡으려고 앞을 향해 전진한다고 고백하였습니다. 하나님께서는 오늘 이 아침 우리 모두가 바울이 가진 것과 같은 동일한 마음을 가지고 "저는 잡힌바 되었습니다."라고 고백하게 되기를 원하십니다. 하나님은 우리 모두가 우리의 육적인 삶이 종결되어지고 오직 하나님의 능력으로 인해 다시 살아나, 하나님이 통치하시는 삶만을 살기를 간절히 원하십니다.

여러분이 그분에게 속해 있으십니까? 여러분들은 그리스도 안에서 발견된 자(빌 3:9)로 살아가기를 원하십니까? 만일 여러분에게 그러한 원함이 있으면 그 원하시는 바가 오늘 이 시간 이루어질 것입니다. 오늘은 하늘의 옷으로 "옷 입는"(고후 5:2) 날입니다. 여러분이 진정 하나님을 알기 원하신다면, 여러분 자신을 포기한 후 그분의 능력과 그분의 성령으로 옷 입으십시오.

* * * * * * * * *

그의 설교로부터 얻을 수 있는 생명의 열쇠들

열쇠 # 1
육신이 아니라 성령(The Spirit, Not the Flesh)

사람들은 스스로를 높이고 싶어 하지만 거기에는 하나님이 계시지 않으십니다. 그러나 성령님께서 여러분들을 높여주시면, 그래서 하나님이 여러분과 동행하시게 되면, 모든 일이 서로 조화롭게 돌아가게 됩니다. 그 결과 여러분은 승리하게 되는 것입니다.

성령이 우리를 높이시는 삶만을 사는 것이 우리의 삶의 목적이 되어야합니다. 만일 우리가 우리의 아름다운 노래 소리로 인해, 사람들의 주목을 받음으로 인해, 웅장한 합창 소리로 인해, 열정적인 설교를 통해 사람들로부터 높임을 받는다면, 하나님의 성령에 의해 높임 받는 것이 아닙니다. 그렇게 되면, 성령을 놓치게 됩니다. "사람들은 스스로를 높이고 싶어 하지만, 거기에는 하나님이 계시지 않으십니다."

만일 우리가 서로 모일 때 그 모임이 아무리 고무된 모임이라도 인간의 영(또는 마음과 감정)만을 부추기는 모임이라면, 그 모임을 떠났을 때는 허전함만 느끼기 마련입니다. 그런 모임은 절대로 사람을 변화시킬 수 없습니다.

그러나 우리가 성령에 의해 높임 받는 집회에 참석한다면 우리에게 임한 하나님이 주신 감동은 그 집회 장소를 떠난 후에도 우리 속에서 지속될 것이고, 이로 인해 우리는 영적으로 성장하게 될 것입니다. 주일날 교회 예배에 참석하여 기분이 고양되어지고 즐거운 말을 들어서 기쁜 마음으로 교회당을 떠나는 많은 사람들이 일주일 간 살면서 승리가 아닌 패배의 삶은 사는 이유가 바로 여기에 있는 것입니다.

우리가 진정으로 교회에 참석하고 있는 지 아닌 지를 판가름 할 수 있는 두 가지 질문이 있습니다: 첫째, 예배에 참석하고 나서 여러분의 삶에 열매가 맺힙니까? 둘째, 교회 문을 나설 때 주님과 함께 나오기 때문에 이로 인해 승리의 삶을 살게 됩니까?

이 두 질문에 대한 여러분 자신의 대답이 "아니요."라면, 당신은 다음 두 가지 경우들 중에 한 가지에 속해 있습니다. 당신에게 잘못이 있든가 아니면 당신이 다니는 교회가 잘못

되었든가, 이 둘 중에 하나입니다. 만일 당신이 잘못되었다면 회개하시고 성령님께 자신을 포기해 드리십시오. 만일 당신이 출석하고 있는 교회가 잘못되었다면 성령이 운행하고 있는 교회로 가십시오. 이 두 경우 중에 어느 경우에 속하였는지 잘 모르시겠다면 무릎을 꿇고 하나님께 이 두 경우 중 어느 경우인지를 알려달라고 진실된 마음으로 기도하십시오. 만일 그렇게 하지 않는다면 당신은 조만간 영적으로 죽은 삶을 살아가게 될 것입니다!

중요한 것은 기도하는 것입니다! 교회가 잘못된 것이 아니라 당신이 잘못된 것으로 밝혀지면, 많은 사람들이 그러하듯이, 이 교회 저 교회를 찾아 돌아다니지 마십시오. 그러나 "영적인 무덤"과 같은 교회나 재미는 있지만 "육적인 교회"는 가지 마십시오. 왜냐하면 그런 교회는 당신의 영적 성장을 저해하기 때문입니다.

"사람들은 스스로를 높이고 싶어 하지만 거기에는 하나님이 계시지 않으십니다." 위글스워스는 진실로 성령의 사람이었습니다. 그는 성령을 자랑하지 않고 자기를 자랑을 하는 설교자, 자신의 능력과 자신의 인간적인 힘으로부터 나오는 통솔력(natural charisma)을 자랑하는 설교자에 대해서는 인내의 한계성을 드러내었습니다. 정말로 그는 그런 설교자에 대해서는 많은 사람들 앞에서 질책하는 것도 서슴지 않았습니다.

우리는 하나님의 사역자들이 자신을 자랑하는 것과 같은 인간적인 함정에 빠지지 않게 해달라고 기도해야합니다. "성령이 이르신 바와 같이 오늘 너희가 그의 음성을 듣거든, 광야에서 시험하던 날에 거역하던 것 같이 너희 마음을 완고하게 하지 말라."(히 3:7-8)고 성경은 우리에게 충고하고 있습니다. 인간적인 함정에 빠지기는 매우 쉽습니다. 저도 자주 그러한 함정에 빠지곤 하였습니다.

오늘날 교회에서 너무도 많은 설교가들이 쑈를 합니다. 능력있는 사역자란 교인들이 좋은 반응을 나타내도록 하는데 소질이 있고 많은 헌금을 거둬들일 수 있는 사람이라는 잘못된 생각들이 팽배해있습니다. 그러나 하나님이 운행하시고, 하나님이 사람들을 변화시킬 수 있도록 하는 사역자는 모든 희생을 감수하고서라도 오직 성령에 의해서만 높임 받겠다는 각오로 사역하는 사역자입니다.

열쇠 # 2
깨어진 마음 (Brokenness)

형제자매들이여, 하나님께서 여러분들을 깨어진 심령의 곳으로 데리고 가셔서 우리를 그분의 위대한 계획에 합당한 자로 우리를 재형성시켜 주시기 않는다면, 우리가 가진 최고의 것들이 아무 쓸모가 없게 된다는 사실을 기억하십시오…. 오, 사랑하는 여러분들이여, 우리의 마음이 깨어져야 오순절을 경험합니다.

깨어진 마음(상한 심령, brokenness)이 열쇠입니다. 성경은, "주께서는 제사를 기뻐하지 아니하시나니 그렇지 아니하면 내가 드렸을 것이라. 주는 번제를 기뻐하지 아니하시나이다. 하나님께서 구하시는 제사는 상한 심령이라."(시 51:16-17)고 말하고 있습니다.

오늘날 많은 그리스도인들이 자신을 높이는 제사를 하나님께 올리려고 합니다. 그러나 성령이 높여주시는 승리의 삶을 살기 위해 우리에게 필요한 것은 시편이 말하는 바와 같이 깨어지고 상한 마음, 죄를 깨닫고 회개하는 마음입니다.

위글스워스는 믿음은 오순절의 기초이기 때문에 상한 심령으로부터 나온다는 표현을 자주 썼습니다. 오늘날 오순절 운동이 힘을 상실한 이유는 위글스워스가 외쳤던 상한 심령의 원칙에 대한 설교가 없어졌기 때문입니다. 너무도 많은 그리스도인들이 자신의 가려운 귀만 긁어주는 주는 설교(딤후 4:3)만을 듣고 싶어 하고, 새로운 것에만 귀를 엽니다. 목으로 잘 넘어가는 설교만을 원하고 있습니다. 그러나 진리란 쉬운 것도 아니고 인기있는 것도 아닙니다. 사도행전 17장 21절에는 "모든 아덴 사람과 거기서 나그네 된 외국인들이 가장 새로운 것을 말하고 듣는 것 이외에는 달리 시간을 쓰지 않음이더라."라는 기록이 나옵니다. 그 당시의 아덴 사람들과 오늘날의 그리스도인들과 흡사합니다. 그러나 위글스워스는 "우리의 마음이 깨어져야 오순절을 경험합니다."라고 단호하게 말하였습니다.

성경은 "우리는 그가 만드신 바라."(엡 2:10)라고 말합니다. 하나님은 우리를 만드신 분이시기에 우리가 잘못되면 우리를 재형성(remolding)하십니다. 그러나 우리가 그분의 손에 잡혀 재형성되려면 그 어떤 일이 먼저 일어나야 하는 데, 그것은 바로 우리의 마음이 깨어지는 일입니다. 우리의 능력, 우리의 생각, 우리의 방법들이 깨어져야합니다. 우리 속에 하나님으로부터 온 것이 아닌 모든 것들이 깨어져야합니다.

위글스워스는 이것에 대해 익히 잘 알고 있었습니다. 왜냐하면 그는 깨어진 마음을 소유한 사람이었기 때문입니다. 그는 다음과 같은 말을 한 적이 있습니다.

나는 트럭이 와서 나를 짓누르고 깨어버리는 것과 같은 경험을 수없이 많이 하였습니다. 나는 나라는 존재가 마치 깨어진 항아리와 같이 되는 경험을 수없이 많이 하였습니다. 하나님의 깊은 것을 경험하기 위한 유일한 방법은 심령이 깨어지는 것입니다. 그래야만 하나님의 능력이 나타납니다.[19]

만일 우리가 위글스워스가 가졌던 것과 같은 믿음과 성령의 능력을 소유하길 원한다면, 우리는 깨어지는 심령의 원칙을 우리의 것으로 만들어야합니다. 하나님께서 우리가 마음이 깨어지도록 하는 것을 허락해야합니다. 최후의 만찬 자리에서 예수님께서는 떡을 떼신

우리도 우리 자신을 생명의 떡으로 떼어 죽어가는 세대들에게 나누어주어야 합니다

후 축사하시고 뗀 떡들을 제자들에게 나누어주셨습니다. 이처럼 우리도 우리 자신을 생명의 떡으로 떼어 죽어가는 세대들에게 나누어주어야 합니다. 그분이 우리라는 존재를 손에

드시고 떼셔서 축사하시고 사람들에게 나누어주시는 것을 허락해야합니다. 그래야 위글스워스에게 그러셨던 것처럼, 하나님께서는 우리를 통해 세계 도처에 사람들에게 자기 자신을 나타내실 수 있으십니다.

사람의 마음속에는 수천가지의 세상 것들이 들어있기 때문에 인간은 하루에도 수천 번씩 자신의 마음을 부드럽게 해야 할 필요가 있습니다. 하나님께서 우리에게 그분의 위대성을 매 순간 마다 우리에게 계시해주지 않으시면 우리는 절대로 온전히 깨어지고 재가 되는 경험을 할 수 없습니다. 그렇기 때문에 하나님은 우리를 한번만 구원하시고 관두시는 것이 아니라 우리를 수천 번도 더 구원해 주십니다.

만일 예수님이 왕이시라면, 예수님이 아니신 모든 것은 부서져서 재가 되어야합니다. 우리 마음속에는 예수님으로부터 온 것이 아닌 것들이 너무도 많고, 우리의 마음속에는 그리스도의 성령과 반대되는 것들이 많이 들어차 있습니다. 그런 것들은 세상의 영에 의해 우리 속에 들어온 것들입니다. 이러한 것들이 사라져야합니다. 그래서 하나님의 아들이신 예수의 형상을 본 받아야합니다.(롬 8:29) 하나님께서는 우리에게 "주 그리스도 예수를 아는 지식이 가장 고상"(빌 3:8)함을 깨닫게 해주셨습니다. 그래서 우리는 우리의 마음을 예수에게 집중하고, 깨어지는 경험을 통해 마음이 부드러워져야하고, "금을 연단하는 자의 불"(말 3:2)로 태워짐으로 그분으로부터 오지 않은 것들이 없어져야합니다.

우리가 매일 그리스도 예수를 아는 지식에 있어 자라난다면, 우리는 점점 그분의 형상대로 빚어져가게 됩니다. "믿음의 주요 또 온전하게 하시는 이인 예수를 바라보자."(히 12:2)라고 성경은 우리에게 권면하고 있습니다. "여러분은 바라보는 대로 됩니다." 여러분이 항상 바라보고 생각하는 존재가 있다면 점점 여러분은 그런 존재로 되어가게 되기 마련입니다. "사람의 마음속에는 세상 것들이 수천가지가 들어있기 때문에 인간은 하루에도 수천 번씩 자신의 마음을 부드럽게 해야 할 필요가 있습니다." 그렇게 하는 좋은 방법은 우리는 하루에 수천 번씩 예수를 바라보는 것입니다. 왜냐하면 "주 그리스도 예수를 아는 지식이 가장 고상"하기 때문입니다.

위글스워스는 때때로, "오, 참으로 사랑스러운 예수님이여!"라고 외치곤 하였습니다. 그는 자신의 마음이 깨어져서 부드러워지는 과정들을 통해서, 예수를 바라보자, 예수가 아름다우신 분으로 그에게 다가왔던 것입니다.

열쇠 # 3
"그분 안에서 발견되기"("Found in Him")

우리가 그분과 함께 있다는 사실을 언제 알 수 있습니까? 우리가 "그분 안에서 발견되면"(빌 3:9) 되는 것입니다. 그분 안에서 있고 그분 안에서 발견된다는 것은 우리의 힘과 노력으로 애쓰는 것이 아니라 전능하신 그분 안에서 안식하는 것입니다.

> 그가 내 안에, 내가 그 안에 거하면 사람이 열매를 많이 맺나니 나를 떠나서는 너희가 아무 것도 할 수 없음이라.(요 15:5)

"그분 안에서 발견"된다는 것은 예수 안에 거한다는 말입니다. 그리고 이렇게 되는 것은 정말로 가능합니다! 그분 안에서 항상 사는 것이 하나님의 우리를 향하신 변하지 않는 바램이십니다. 그분 안에 거한다는 말은 다른 말로 표현하면 하나님의 성령에 의해 장악된 삶을 살기 때문에 마음이 깨어지는 아픔을 딛고 일어나 예수 그리스도의 아름다움에 매료되어 산다는 말입니다.

바울은 빌립보서 3장 9장을 통하여 자신의 소원은 "그분 안에서 발견"되는 것이라고 말하였습니다. 그리고 12절에서는 "내가 이미 얻었다 함도 아니요 온전히 이루었다 함도 아니라. 오직 내가 그리스도 예수께 잡힌 바 된 그것을 잡으려고 달려가노라."고 표현하기까지 하였습니다. 물론 예수를 믿게 되는 사람은 누구나 다 예수 안에 있게 됩니다. 그러나 바울은 그것에서 한 걸음 더 나아가, 오직 그분 안에 온전히 있게 됨으로 그 자신이 오직 예수로만 충만하게 되는 삶만을 목적하며 살았습니다. 그는 진실로 그의 온 마음을 다 바쳐 그렇게 되려고 애쓰며 살았습니다.

위글스워스가 계속 전한 말씀들 중 가장 중요한 주제중의 하나가 바로 "그리스도와 함께 감추어 짐 (hidden with Christ)"이었습니다. 우리는 예수를 믿음으로 우리의 "생명이 그리스도와 함께 하나님 안에 감추어졌습니다."(골 3:3) 그분 안에 감추어져서 산다는 것은 "지존자의 은밀한 곳에 거주하는 것"(시 9:1)입니다. 그러므로 "주는 나의 은신처입니다."(시 32:7)라는 고백이 우리의 고백이 되어야합니다.

우리가 우리의 계획대로 살지 않고 그분 안에서 그분의 계획대로 살게 되면, 우리가 하는 생각은 우리의 생각이 아니라 그분이 생각이 되게 됩니다.(이사야서 55:8-9를 보십시오.) 그분 안에 살게 되면 우리의 깨어진 마음속으로 그리스도께서 들어오시기 때문에 우리는 그리스도 안에 감추어진 삶을 살게 되고, 그 결과 우리는 우리의 생각과 행위에 따라 살지 않고 그분의 생각과 행위에 따라 살 수 있게 됩니다. 만일 하나님에 의해 사용받는 사람이 되길 원하시면 그분 안에 거하십시오. 그렇게만 하면, 당신은 그분이 항상 당신과 함께 하고 있다는 사실을 자각할 수 있게 됩니다.

매일 매일의 삶, 한 순간 한 순간의 삶이 "그분 안에서 발견되어지는 삶"이 되도록 하십시오. 그래서 당신의 의도와 생각이 점점 소멸되고 그분의 마음과 생각이 점점 커지게 되면, 결국 당신이 하는 생각과 의도가 그분의 생각과 의도가 되는 삶을 살 수 있게 됩니다. 여러분이 하나님과 함께 있게 되는 시간에 단지 여러분이 원하는 것을 하나님께 달라고 요청하는 시간으로만 삼지 마시고, 당신을 변화시키는 시간, 당신을 포기하고 당신과 하나님이 하나가 되는 시간으로 삼으십시오. 매일 일정 시간을 내어 하나님께 자신을 포기해드리는 시간으로 삼아보십시오. 그 시간에는 하나님이 당신의 생각과 계획, 당신의 꿈과 비전과 느낌을 하나님께 포기해드리는 특별한 시간으로 삼아보십시오. 비록 짧은 시간이라도 매일 그렇게 해보십시오.

양보해야 점령당합니다. 하나님은 강제적으로 여러분의 의지와 생각을 앗아가고 그 자리에 자신의 의지와 생각을 집어넣는 분이 아니십니다. 당신은 평생 자신의 뜻만을 고수하며 살 수도 있습니다. 그러나 매일 자신을 하나님께 내어드리는 일을 지속한다면, 당신은 결국 "지존자의 은밀한 곳"에 거하고 "그분 안에 발견되어지는" 삶을 살 수 있게 됩니다.

열쇠 # 4
담대함

그분의 거룩함 안에 있을 때 담대해집니다. 우리가 담대할 수 있는 것은 우리가 그분의 진리 안에 있는 때에 한해서입니다. 만일 여러분이 깨끗하지 않다면 담대한 믿음을 가질 수 없습니다.

그 안에서 발견되려 함이니 내가 가진 의는 율법에서 난 것이 아니요 오직 그리스도를 믿음으로 말미암은 것이니 곧 믿음으로 하나님께로부터 난 의라. (빌 3:9)

우리가 점차적으로 "그리스도를 얻게 되고"(8절) "그분 안에서 발견"되어지게 되면, 우리는 점점 그분의 의를 경험하게 되고 그분 곁에 바짝 다가가 있을 수 있게 됩니다. 우리가 그분의 의로우심에서 자라나면 자라날수록, 우리의 믿음은 점점 더 담대해 집니다. 그 이유는 의로움과 담대한 믿음은 서로 불리할 수 없을 정도로 밀접하게 연결되어있기 때문입니다.

이사야서 64장 6절은 "우리의 의는 다 더러운 옷과 같다."고 선언합니다. 그러나 잠언 28장 1절은 "의인은 사자 같이 담대하다."고 말하고 있습니다. 이 두 성경 구절에서 나온 의는 서로 다른 의입니다. 인간의 자기의 의(self-righteousness)는 자신의 의로운 생각과 행위로 하나님께 가까이 가려는 의입니다. 하나님의 의는 우리가 그냥 예수 안에 있을 수 있게 해줍니다. 그러나 우리가 자신이 살고 싶은 대로 살면서 하나님의 의로움 안에서 살고 있다고 생각하면 오산입니다. 하나님의 의로움으로 사는 사람은 정결하고 거룩하게 살고 담대한 믿음을 갖고 삽니다. 만일 우리가 자기의 의로 살면 우리는 절대로 그런 삶을 살 수 없습니다.

당신의 삶은 정결합니까? 당신의 삶은 거룩합니까? 혹시 당신은 아무리 정결하게 살고 거룩하게 살려고 노력해도 실패만 거듭하십니까? 만일 그렇다면 당신에게 필요한 것은 당신의 심령이 의로 채워질 때까지 (하나님의) 의에 대해 배고 파하는 것입니다. "의에 주리고 목마른 자는 복이 있나니 그들이 배부를 것입니다."(빌 3:9) 여러분의 행위와 노력에서 나온 의는 결국은 실패로 끝나게 됩니다.

그분의 의를 갖고 사는 것이 우리의 가장 큰 욕구가 되어야

합니다. 그래야 담대한 믿음의 사람이 될 수 있습니다. 우리의 의로 살지 않고 오직 그분의 안에서 발견되어지는 삶만을 살겠다는 생각으로 가득 차서 사십시오.

여러분, 하나님의 위대한 믿음의 사람들은 왜 그들이 그런 사람이 되었는지에 생각해보신 적이 있으십니까? 하나님의 위대한 믿음의 사람들의 삶에는 공통점이 있습니다. 그들은 오랜 세월동안 계속적으로 하나님의 "은밀한 곳"(시 91:1)으로 나아가 그 안에서 그분의 거룩함, 그분의 의, 그분의 진리를 발견함으로 마음이 깨어지고, 그 결과 담대한 믿음을 소유하게 된 사람들입니다.

열쇠 # 5
그분의 고통에 참예함
(The Fellowship of His Suffering)

만일 여러분이 깨끗하지 않다면 담대한 믿음을 가질 수 없습니다.... 하나님께서 우리로 하여금 우리 모두가 오늘 이 아침에 예수의 고난에 참예하도록 하시길 원하십니다.(빌 3:10) 그래서 우리의 기도를 통해 암으로 고통받는 사람들의 암이 떠나가는 일이 일어나기를 원하십니다. 고통받으며 힘없이 살아가고 있는 사람들을 볼 때 우리 안에서 하나님이 주시는 긍휼의 마음이 솟아나야합니다. 그들이 지고 있는 무거운 짐을 들어주고 싶은 마음, 그래서 그들이 자유롭게 되어 살아가는 것을 보고 싶고 마음이 생겨나야 합니다.

우리가 마땅히 주님의 긍휼을 보여주어야 할 때 그렇게 하지 못함으로 우리가 승리를 너무도 자주 놓쳐왔습니다. 우리는 깨어진 마음을 가진 자의 고통에 참예하는 축복을 자주 놓쳐왔습니다.

오, 나의 형제자매들이여, 제발 그분의 고통에 참예함이라는 인생의 중요한 열쇠를 놓치지 마십시오. 위글스워스는 예수님의 긍휼한 마음을 대단히 많이 소유했던 사람이었습니다. 예수의 긍휼한 마음이 우리의 것이 되어야합니다. 그분의 고통에 참예한다는 것은 승리할 때까지 인내하며 기도하는 것입니다. 그렇게 하지 않으면 한두 번 기도하다가 말게 됩니다. 그래서 승리를 놓치게 되는 것입니다.

남을 선동하는 쓸데없는 말들과 인간의 긍정적인 사고(positive thinking)로는 믿음을 가질 수 없습니다. 믿음은 오직 깨어진 심령으로부터 시작됩니다. 위글스워스는 병자를 위해 사역할 때 자주 눈물을 흘렸습니다. 여러분들도 그와 같이 깨어진 마음과 긍휼의 마음으로 병자들을 위해 사역하면, 많은 병자들이 낫는 것을 조만간 보게 될 것입니다. 그분의 고난에 참예하는 것에 대한 가르침이 오늘날 그 자취를 감추고 말았습니다. 그러나 이 원칙이 우리 삶에 적용되지 않고서는 세상 마지막 때에 하나님이 명하시는 대추수를 감당할 수 있는 담대한 믿음의 소유자가 될 수 없습니다.

나의 형제들이여, 주님이 우리를 깨려고 하실 때 저항하지 마십시오. 그분께서 그분의 손으로 여러분을 깨시는 것을 허락하면 그분이 여러분을 깨뜨리신 후에는, 여러분을 부드럽고 온유한 사람, 긍휼한 마음으로 가득 찬 믿음의 사람으로 재형성시켜주십니다. 만일 당신에게 긍휼의 마음이 없다면, 바울처럼 "그분의 고난에 참예하고 싶다"(빌 3:10)고 간절히 기도하십시오. 자주 갈보리로 가서 거기에 계신 예수를 바라보시고, 그분의 놀라운 희생적 죽으심에 사로잡히십시오. 그분이 우리의 모든 죄, 우리의 모든 병과 슬픔, 그리고 죽음까지 담당하셨음을 깊이 묵상하십시오. 그런 후에 사람들에 대해 예수가 가졌던 긍휼한 마음을 가지시고, 믿지 않는 자들을 전도하시고 병자들을 찾아가십시오. 마음이 상해서 절망해 있는 사람들을 찾아가십시오. 그들을 쳐다볼 때 예수가 가졌던 상한 마음을 여러분들도 가지십시오. 여러분 자신을 내려놓고 예수처럼 불쌍한 사람들을 위해 살아가는 것이 여러분의 유일한 소망이 되도록 하십시오.

주님의 긍휼의 마음을 가짐으로 승리를 놓치지 마십시오.

열쇠 # 6
"그의 죽으심을 본받아"(Conformed to His Death)

하나님은 우리 모두가 우리의 육적인 삶이 종결되어지고 오직 하나님의 능력으로 인해 다시 살아나 하나님만이 우리를 통치하시도록 허락하는 삶을 살기를 간절히 원하십니다. 여러분들은 그리스도 안에서 발견된 자(빌 3:9)로 살아가기를 원하십니까?

자기 목숨을 얻는 자는 잃을 것이요 나를 위하여 자기 목숨을 잃는 자는 얻으리라. (마 10:39)

자신의 힘으로 사는 삶은 좋은 삶이 아닙니다! 그렇게 사는 것을 중단하십시오! 육으로 사는 것을 포기하십시오. 그렇게 사는 것을 포기해야 그분의 생명이 여러분 안에서 역사하기 시작합니다. 그래야만 그분께서 여러분 안에서 편안히 거하시면서 우리를 통해 자신이 하고 싶으신 일을 이루십니다.

그렇게 사는 것은 이론이 아니라 실제입니다! 우리의 생각, 우리의 계획, 우리의 꿈, 우리의 일, 우리의 방법대로 사는 것의 무익함을 깨닫고 그런 삶을 사는 것을 의지적으로 싫어하십시오. 그래야 결국 우리는 육으로 사는 것에 대해 완전히 죽는 삶을 살 수 있게 됩니다.

만일 육의 삶은 포기하지 않고, 하나님의 삶을 살려는 노력을 포기한다면, 결국 실패하는 삶을 살다가 죽게 됩니다. 그러나 육으로 사는 것을 증오하면, 우리는 결국 생명을 얻게 됩니다.

예수님께서는, "무릇 내게 오는 자가... 자기 목숨을 미워하지 아니하면 능히 내 제자가 되지 못한다."(눅 14:26)라고 말씀하셨습니다. 자신의 생각대로 사는 것을 전적으로 미워하십시오. 그래야 예수의 삶을 온전히 살 수 있습니다. 항상 그렇게 사는 것을 염두에 두고 말하고 행하십시오. 그러면 결국 여러분은 예수로 점철된 삶을 살 수 있게 됩니다.

여기서 중요한 열쇠는 하나의 삶은 증오하고 다른 하나의 삶은 사모하라는 것입니다. 자신이 왕 노릇하던 옛 삶은 증오하고, 하나님이 당신을 다스리는 새 삶은 사모하십시오. 그렇게 하다보면, 당신의 삶에는 어느덧 그리스도의 생명과 성품과 태도가 넘쳐나게 됩니다. 그런 삶이 당신이 살아가야 할 마땅한 삶입니다!

제 5 장

"온전히 기쁘게 여기십시오."
(COUNT IT ALL JOY)

시작하는 글
"나의 아내 폴리, 잘 가요"

스미스 위글스워스는 사랑하는 아내가 했던 "스미스, 내가 설교하는 것을 잘 보세요. 나는 설교할 때 천국에 너무도 가까이 있어서, 어느 날 나는 설교하다가 하늘나라로 갈 것입니다."라는 말이 생각났습니다. 그는 그녀가 했던 말이 기억나서 "그녀는 오늘 분명히 설교하다가 하늘나라로 갔을거야."라고 생각하였습니다.

이날은 1913년 새해 첫날이었습니다. 위글스워스가 글래스고우 라는 도시에서 집회를 인도하기 위해 집 문을 나서려는 순간 의사와 경찰이 그를 찾아왔습니다. 그가 그 두 사람의 얼굴을 본 순간 그 어떤 일이 일어났음을 직감할 수 있었습니다.

"위글스워스씨, 당신의 아내 폴리가 조금 전에 교회 문 앞에서 쓰러져서 죽었습니다." 불과 몇 시간 전에 그는 교회에 설교하러 가는 아내에게 잘 다녀오라고 말했었습니다.

그는 정말로 폴리를 사랑했습니다. 그에게 그녀는 이 세상의 모든 것이었습니다. 인간적으로 보면 그는 망연자실 할 수

밖에 없는 상황이었습니다. 그러나 그는 그의 속에 있는 영으로 그녀가 마땅히 있어야할 곳으로 갔다는 사실을 알았습니다. 그래서 그는 갑자기 방언으로 기도하기 시작하면서 주님을 찬양했고 성령 안에서 기뻐하였습니다.

이제 곧 그의 집은 사람들로 가득 차기 시작했습니다. 그녀의 시체가 집으로 옮겨졌습니다. 위글스워스의 지시로, 사람들이 그녀를 그녀의 방으로 옮겨 놓았습니다. 생명이 이미 없는 그녀의 몸이 침대에 누여졌습니다.

"그녀는 이미 숨을 거두었습니다. 우리가 할 수 있는 일은 이제 아무것도 없습니다."라고 의사가 말했습니다. 그러나 이 말을 듣고 위글스워스는 미소를 지었습니다. 왜냐하면 그는 다른 생각을 갖고 있었기 때문입니다.

그는 그녀의 방에 있던 사람들에게 밖으로 나가달라고 부탁하였습니다. 사람들이 나가자 그는 방문을 잠그고 혼자 남았습니다. 그는 몸을 돌려 그녀가 누워있는 침대 쪽으로 갔습니다. 그는 그녀가 그토록 같이 있기를 원했던 주님과 결국은 같이 있게 되었다는 사실을 알았습니다. 그가 죽은 아내 옆에 혼자 서서 물끄러미 그녀를 쳐다보자, 그녀가 자신의 곁을 떠나버렸다는 사실에 견딜 수 없어 하였습니다.

"예수의 이름으로 명하노니, 죽음은 그녀를 포기하라."고 그가 명령하였습니다. 그러자 폴리가 눈을 뜨고 위글스워스의 얼굴을 쳐다보았습니다. "여보, 나는 당신이 필요해."라고 그가 살아난 아내에게 말했습니다.

"여보, 주님께서 나와 함께 있기를 원하세요."라고 아내가 대답했습니다.

아내의 이 말에 그는 서로 다른 두 가지 생각으로 잠시 힘들어하였습니다. 그는 진정으로 아내와 함께 있기를 원했습니다. 아내가 없는 삶은 상상도 할 수 없었습니다. 그는 앞으로 여러 해 동안 아내와 함께 같이 살기를 간절히 원했습니다.

이때 그의 심령 속에서 아주 작은 소리가 들렸습니다. 그 소리는 그가 아내를 사랑하는 것보다 더 사랑하는 분의 목소리였습니다. 그분은 위글스워스에게 "그녀를 이제 내 곁에 두고 싶다. 그녀의 이 세상에서의 일은 끝이 났단다."라고 말씀하신 것입니다.

그분의 이 소리에 위글스워스는 눈물을 흘리면서, 그분의 뜻 앞에 자기의 뜻을 내려놓았습니다. "사랑하는 여보, 주님이 당신을 원하시니, 내가 당신을 붙잡을 수 없구려."라고 그가 아내에게 말했습니다.

그가 아내의 볼에 키스하며 "여보, 잘 가."라고 말하자, 그녀는 얼굴에 미소를 머금은 채 숨을 거두었습니다.

"네, 주님이 원하시니, 주님 뜻대로 하십시오."라고 위글스워스는 속으로 읊조렸습니다. 그는 진정으로 순종하였습니다. 그는 몸을 돌려 그녀가 있는 방을 나왔습니다. 이러한 그의 결정은 그가 일생을 살면서 했던 결정들 중에서 가장 힘든 결정이었습니다.[20]

"온전히 기쁘게 여기십시오."

"우리가 어떻게 해야 큰 믿음의 소유가 될 수 있을까요?" 라는 질문에 대한 대답은 각양각색일 수 있습니다. 그러나 위대한 믿음을 지니고 살았고, 그 믿음으로 인해 삶에서 많은 열매들을 맺은 사람만이 이 질문에 대해 정확한 대답을 할 수 있습니다. 스미스 위글스워스는 바로 그런 삶을 산 사람입니다. 그래서 사람들은 그를 "믿음의 사도"라고 불렀습니다.

위글스워스의 삶: 그의 중반의 삶 (계속)

믿음을 통해 위글스워스는 전 세계를 돌아다니며 수없이 많은 사람들을 그리스도에게로 인도하였습니다. 믿음을 통해 그는 그의 손으로 수만 명의 사람들의 병을 고쳤습니다. 귀머거리의 귀가 열렸고, 장님이 눈을 떴고, 절름발이가 걷고, 암들이 고쳐졌습니다. 병으로 죽게 된 많은 사람들이 그를 만나

고침을 받음으로 장수하였습니다. 믿음을 통해 그는 그의 아내 폴리를 포함하여 도합 14명의 죽은 사람들을 다시 살렸습니다. 그 외에 병실의 침실에 누워 있다가 그에 의해 일어난 사람들의 수는 이루 그 수를 헤아릴 수 없을 정도입니다.

예수님께서는, "그들의 열매로 그들을 알지니…"(마 7:16)라고 말씀하셨습니다. 위글스워스는 실로 대단한 열매들을 맺었습니다. 그리고 그의 삶의 열매들은 그가 이미 죽은 오늘날까지도 열리고 있을 정도입니다. 그러므로 우리는 "어떻게 해야 우리도 위글스워스처럼 위대한 믿음을 가질 수 있을까?"라는 질문을 던질 때 다른 사람이 아닌 바로 위글스워스에게 던져야, 우리가 던진 질문에 대한 바른 대답을 이끌어 낼 수 있습니다.

위글스워스는 어떻게 믿음이 자라나는 지에 대해 말하면서 자주 마가 복음 4장 28절에 기록된 다음과 같은 말씀을 인용하였습니다: "열매를 맺되 처음에는 싹이요 다음에는 이삭이요 그 다음에는 이삭에 충실한 곡식이라." 그는 믿음에 대한 질문을 받을 때마다 항상 다음과 같이 대답하였습니다.

위대한 믿음은 위대한 싸움의 결과입니다. 위대한 간증은 크나큰 시련에 대한 승리로부터 나옵니다. 큰 환란으로부터 위대한 승리가 도출됩니다. 우리를 가로막고 있는 장애물은 우리가 밟고 올라갈 돌계단이 되어야합니다. 우리에게 주어지는 모든 반대들은 우리에게 기회가 될 뿐입니다.[21]

그의 이 말은 그의 삶과 믿음과 사역에 열쇠가 되었습니다.

"온전히 기쁘게 여기십시오."

그의 이런 말은 단지 말로서 끝난 것이 아닙니다. 그는 삶의 경험을 통해서 그런 말들을 할 수 있었던 것입니다.

그의 소망은 예수와 같은 삶을 사는 것이었습니다. 제가 만나보았던 사람들은 이구동성으로 그는 정말로 그가 원했던 대로 살았던 사람이라고 저에게 말해주었습니다.

집회를 인도할 때 그는 때때로, "하나님으로 채움 받으십시오. 하나님으로 채움 받으십시오. 여러분 자신을 비우시고, 하나님으로 채움 받으십시오."라고 외치곤 하셨습니다.[22] 그는 정녕 하나님으로 채움 받고 싶어 했던 사람이었습니다. 그러나 하나님으로 채움 받는 것은 그리 쉬운 일이 아니었습니다. 하나님으로 채움 받으려고 하는 사람들은 시련과 환란이 자신을 자주 찾아온다는 사실을 곧 알게 됩니다. 위글스워스는 모든 시련을 끈질기게 견뎌냄으로 하나님으로 채움 받았습니다. 그 어떤 시련과 환란도 그의 그러한 소망을 끊을 순 없었습니다.

> 위글스워스는
> 예수를 기쁘시게 하고
> 예수처럼 사는 것에
> 온 마음을 쏟으며
> 살았던 사람이었습니다.

스미스 위글스워스는 믿음의 싸움을 끝까지 경주했기 때문에 하나님께서 그에게 큰 믿음을 주셨습니다. 하나님께서는 바울을 통하여 "믿음의 선한 싸움을 싸우라."(벧전 1:7)라고 말씀하셨습니다. 그 당시 그가 싸운 믿음의 싸움은 그야말로 고통 그 자체였지만, 그 싸움은 선한 싸움이었습니다. 그의 믿음은 "불로 연단하여도 없어질 금보다 더 귀한"(벧전 1:7) 믿음 이었기에 그는 그 믿음의 싸움을 통하여 성장할 수 있었고, 그는 이러한 싸움을 "온전히 기쁘게 여겼습니다."(약 1:2) 그는 다음과 같은 노래를 자주 불렀습니다.

나를 더 선하게, 더 정결하게 만들어주십시오.
불로 나를 정련해 주십시오.
그래서 하나님 당신의 감미로운 숨결을
느낄 수 있게 해주시고,
당신의 밝은 영광을 볼 수 있게 해주십시오.

1913년 일월에 그의 아내가 죽었습니다. 그때 그녀의 나이는 51세에 불과했습니다. 아내를 진정으로 사랑했던 그가 아내와 영원히 이별하는 것은 그로서는 견디기 어려운 일이었습니다. 그는 그녀를 회상하며, "내가 오늘날의 내가 될 수 있었던 것은 내 옆에 나의 사랑하는 아내가 있었기 때문이었습니다. 오, 나의 사랑하는 아내여!"라고 말하였습니다.[23]

그녀 없이 산다는 것은 그에게 매우 힘든 일이요 어떻게 보면 큰 싸움 바로 그 자체였습니다. 그는 그녀가 죽은 후 무려 34년을 혼자 살았지만, 그녀가 일찍 죽은 것에 대해 하나님께 원망을 한 차례도 하지 않았습니다.

후에 그는 "그녀 없이 살아온 것이 나에게는 가장 큰 시련이면서 또한 하나님에 대한 가장 큰 순종이었습니다."라고 말하였습니다.24) 그가 뉴질랜드에 있던 어느 날 저녁, 그는 연속적으로 있었던 큰 집회들을 마치고났을 때, 그를 초대했던 사람이 그에게 그의 능력과 성공의 비밀이 무엇인지 물어 보았습니다. 이때 그는 눈물을 흘리며 다음과 같이 대답했습니다.

당신이 나에게 그런 질문을 던지다니 송구한 마음이 생기는군요.
나는 마음이 깨어진 사람입니다. 나의 모든 것이었던 나의 아내가 11년 전에 죽었습니다. 장례식을 치른 지 얼마 후에 나는 그녀의 무덤으로 찾아가서 그 곳에 누웠습니다. 나는 그 곳에서 죽고 싶었습니다. 그러나 하나님께서 그때 나에게 일어나 다시 돌아가라고 말씀하셨습니다. 그때 나는 하나님께 "당신께서 내가 받아야 할 것과 나의 아내가 받아야 할 것을 모두 합해서, 나에게 성령을 갑절로 주신다면 다시 돌아가서 복음을 전하겠습니다."라고 말했지요.
하나님은 나에게 은혜를 베푸셔서 나의 그런 요청에 응답하셨습니다. 그러나 그동안 나는 파도치는 바다를 홀로 항해하는 심정으로 살아왔습니다. 나는 외로운 사람입니다. 그동안 혼자서 울었던 적이 한두 번이 아니었습니다.25)

그의 아내가 죽고 나서 2년 후에 그의 막내아들 조지(George)도 죽었습니다. 이때 그는 설교하다가 다음과 같이 그의 아픈 마음을 사람들에게 전해주었습니다.

나는 트럭이 와서 나를 짓누르고 깨어버리는 것과 같은 경험을 수없이 많이 하였습니다. 나는 나라는 존재가 마치 깨어진 항아리와 같이 되는 경험을 수없이 많이 하였습니다. 하나님의 깊은 것을 경험하기 위한 유일한 방법은 심령이 깨어지는 것입니다. 그래야만 하나님의 능력이 나타납니다.26)

우리가 이때까지 그를 보아왔듯이, 그는 이러한 말은 말로만 끝난 것이 아닙니다. 그는 정말로 깨어진 사람이었습니다. 그랬기에 그는 자주, "이 세상에서 우리가 가질 수 있는 가장 위대한 것은 위대한 시련을 겪는 것입니다. 시련의 시기는 귀중한 것을 빼앗기는 시기처럼 여겨지지만 실상은 하나님의 유산을 받는 시기입니다. 시련의 시기에 하나님 안에 계십시오. 그러면 하나님이 모든 수단들을 강구하여 당신을 지켜주실 것입니다."27) 라는 말을 했습니다.

그는 자신을 하나님께 온전히 포기해 드렸기 때문에 위대한 믿음을 가질 수 있는 사람이 되었습니다. 그의 나이가 70대에 이르렀을 때에도, 그는 어떤 사람도 견디기 힘들었을 시련을 끝까지 견디어내었습니다. 그때 그가 그 시련을 견디어낼 수 있었던 단 하나의 이유는 살아오면서 그토록 많은 시련들과의 싸움에서 수많은 승리를 거두었기 때문이었습니다.

이 땅에서의 마지막 10년 동안 그는 자신의 몸속에서 신장결석이 너무도 크게 자라서 그에게 많은 고통을 주었습니다. 신장결석의 정도는 매우 심각한 정도이었기 때문에 의사들은 그에게 만일 수술을 받지 않으면 고통스럽게 살다가 결국 신장결석으로 인해 죽게 될 것이라고 경고하였습니다.

이러한 의사들의 경고에 대해 그는, "의사 선생님, 나의 몸을 만드신 하나님만이 나의 몸을 가장 잘 고칠 수 있는 유일한 분이십니다. 내가 살아있는 동안에 그 어떤 사람도 내 몸에 칼을 댈 수 할 수 없습니다."28) 라고 대답하였습니다.

그는 헛말을 하지 않은 사람입니다. 그는 진정으로 "그렇다고 생각하는 것은 그렇다 하고 아니라고 생각하는 것은 아니라 하라."(약 5:12)는 성경의 말씀을 실천하며 산 사람이었습니다. 그는 6년간 극심한 육체적 고통 속에서 지냈지만 수술은 절대로 받지 않았습니다. 이 당시 그는 신장에 생긴 돌이 몸을 빠져나오는 동안 많은 피를 흘려 얼굴은 창백해지고 체온이 내려가서, 몸의 온도를 유지하기 위해 자주 두꺼운 담요로 몸을 칭칭 감고 지내야만 하였습니다. 어느 날 밤에는 고통으로 인해 방바닥에서 몸을 이리 저리 굴려야만 하기도 하였습니다. 그럴 때에는 그는 세상 여러 곳으로 돌아다니며 하루에 두 세 번씩 집회를 인도하면서 설교하였고 아픈 병자들을 고쳐주는 치유사역을 계속해 나갔습니다.

그가 이 당시 겪은 육체의 고통은 상상을 초월할 정도이었음에도, 그의 사역과 믿음은 흔들리지 않았습니다. 극심한 고통의 기간에도 하나님에 대한 그의 열정은 식지 않아서, 불같은 설교를 뿜어내었고, 아픈 사람들에 대한 긍휼한 마음은 과거와 같이 여전하였습니다. 고통의 6년 동안 그의 몸에서 수

백 개의 결석이 몸 밖으로 배출되었지만, 그는 하나님께서 그를 온전하게 낫게 해주실 것이라는 사실을 의심해본 적이 한 번도 없었습니다.

그의 아들 제임스 샬터(James Salter)는 이런 아버지에 대해 다음과 같은 말을 하였습니다.

강철같은 몸이나 의지를 갖고 있는 사람이라고 하더라도 우리 아버지처럼 하지는 못하였을 것입니다. 우리 아버지는 강철같은 몸과 강철과 같은 의지 둘 다를 소유한 분이셨습니다. 아버지가 받은 고통과 같은 고통보다 덜한 고통을 받아도 포기하거나 쓰러지는 사람들을 저는 여러 번 보아왔습니다. 우리 아버지는 그러한 고통들을 참아내었을 뿐 아니라, 그런 고통을 이용하여 하나님의 목적을 이루기까지 하심으로 하나님께서 영광을 돌렸습니다.[29]

그는 참으로 대단한 사람이라 아니할 수 없습니다!

그가 마지막으로 배출한 결석들로 인해 그는 실제 불 속에 들어간 것과 같은 아픔을 겪었고, 이것은 그가 받은 육적 고통들 가운데서 가장 큰 고통이었습니다. 그는 이런 시련들을 통해 넉넉히 이기는 사람이 되었는데 (로마서 8:37을 보십시오.), 그 이유는 그가 어떤 일을 당하든지 그 일을 통해 반드시 하나님께만 영광을 돌렸고, 그는 그렇게 하기위해 자신과 절대로 타협하지 않았기 때문입니다.

그가 가졌던 믿음과 헌신의 삶을 누구든지 살 수 있습니다. 그러나 그렇게 되기 위해서는 자신을 그리스도에게 온전히 바치고, 그분의 사랑에 사로잡혀 살아야합니다. 그리고 그 어떤 사람을 만나고, 그 어떤 시련을 당하더라도 "온전히 기쁘게 여겨야합니다."(약 1:2)

* * * * * * * * *

온전히 기쁘게 여기십시오.
스미스 위글스워스의 설교

내 형제들아 너희가 여러 가지 시험을 당하거든 온전히 기쁘게 여기라. (약 1:2)

이 말은 야고보가 "흩어져 있는 열두 지파에게 문안"(약 1:1)하는 편지를 쓰면서 한 말입니다. 오직 주님과 같은 분만이 복음 증거하는 자들을 잡아들이고 믿는 자들을 핍박하는 것을 피하기 위해 각 곳으로 도망 다니는 사람들에게 무슨 일을 만나든지 "온전히 기쁘게 여기라."라는 말을 할 수 있습니다. 성경은, "그들이 광야와 산과 동굴과 토굴에 유리하였느니라."(히 11:38)라고 말하고 있습니다.

핍박을 피해 그리스도인들이 나라 밖으로 흩어졌습니다. 그러나 하나님께서는 그들과 같이 하셨습니다. 하나님이 여러분과 함께 계시기만 하면 여러분이 어디에 있건 상관없습니다. 당신과 함께 하는 하나님이 당신을 대적하는 사람들보다 수백만 배 힘이 강하십니다. 오, 만일 우리가 간절히 원하기만 한다면, 하나님의 은혜를 통해 우리는 하나님의 아름답고도 강한 능력이 우리에게 임해 그분께서 우리에게 "나의 자녀여, 안심하라. 모든 것이 잘 해결 될 것이다."라고 말씀하시는 소리를 들을 수 있습니다. 잠잠히 있어, 주님의 구원하심을 경험하십시오.

오, 우리가 이러한 믿음의 비밀을 알아 단지 믿기만 한다면 우리에게 어떤 일이 일어날까요? 하나님을 믿기 때문에 우리에게는 모든 것이 가능하다는 사실을 깨닫게 된다는 것은 우리에게 큰 힘을 실어줍니다. 하나님께서는 우리 앞에 있는 장애물을 치워주실 수 있는 분이라는 사실을 우리가 절대적으로 믿고 받아들이기를 원하십니다.

하나님은 때때로 우리로 하여금 어렵고, 눌리고, 구석에 몰린 것과 같은 경험을 하게 허락하심으로, 그 어떤 사람도 할 수 없고 오직 하나님만이 우리가 당하는 어려움을 제거하실 수 있는 분이라는 사실을 확실히 알게 하심으로 하나님만을 의지하는 사람이 되도록 하십니다.

이러한 모든 어려운 경험들은 하나님이 허락하시는 것입니다. 하나님께서는 우리가 시련을 겪고, 어려운 일들을 당하고, 시험 당하고, 혼동스러운 일을 겪게 되는 것을 허락하십니다. 그러나 하나님이 허락하시는 시련과 어려움에 대해서 하나님께서는 반드시 빠져나갈 길도 만들어주십니다. 당신은 빠져 나갈 길이 없다고 생각해도 하나님은 당신이 어려움을 겪은 것에서부터 벗어나도록 해주십니다.

많은 성도들이 저에게 와서 그들의 불안한 마음이 진정되도록 기도해달라고 부탁하였습니다. 만일 우리가 요한일서 4장에 있는 말씀을 제대로 이해한다면 불안해하지 않게 됩니다. 그러면 이제 16절에서 18절까지 읽어보십시오.

하나님이 우리를 사랑하시는 사랑을 우리가 알고 믿었노니 하나님은 사랑이시라. 사랑 안에 거하는 자는 하나님 안에 거하고 하나님도 그의 안에 거하시느니라. 이로써 사랑이 우리에게 온전히 이루어진 것은 우리로 심판 날에 담대함을 가지게 하려 함이니, 주께서 그러하심과 같이 우리도 이 세상에서 그러하니라. 사랑 안에 두려움이 없고 온전한 사랑이 두려움을 내쫓나니 두려움에는 형벌이 있음이라. 두려워하는 자는 사랑 안에서 온전히 이루지 못하였느니라.(요한1서 4:16-18)

온전한 사랑이 무엇인지 말씀드리겠습니다: "예수께서 하나님의 아들이심을 믿는 자가 아니면 세상을 이기는 자가 누구냐?"(요일 5:5)

자신이 구원을 받았다는 증거가 무엇입니까? 마음으로 주 예수를 믿는 것이 구원받았다는 증거입니다. 만일 여러분들이 사랑으로 하나님께 여러분의 숨결을 드리면, 당신의 전 존재가 그분을 사모하게 됩니다.

온전한 사랑을 가진 사람은 예수님의 의도, 소망, 생각으로 채워진 사람이고 자신의 모든 더러운 것이 예수로 인해 정화된 사람입니다. 온전한 사랑을 가진 사람에게는 두려움이 없습니다.

하나님께서는 그분의 말씀으로 우리 전 존재를 적시기 원하십니다. 그분의 말씀은 살아있는 진리입니다. 저는 시련 없이 일주일을 보낸 사람을 보면 불쌍하다는 생각이 듭니다. 왜냐고요? 왜냐하면 하나님은 시련을 받을 가치가 있는 사람에게만 시련을 주시기 때문입니다. 만일 당신이 어려움을 겪고 있고, 시련을 통과하고 있고, 어두움이 당신의 삶에 다가오기 시작한다면, 주위가 너무 어두워서 앞이 보이지 않을 정도로 상황이 어렵다면, 할렐루야라고 외치십시오! 하나님이 당신을 보고 계시고 당신을 구해주실 것입니다.

그분은 구원의 하나님이시고 능력의 하나님이십니다. 오, 그분이 당신 곁에 계시다는 사실을 당신이 믿기만 한다면, 그분은 당신에게 신선한 기름을 부어주시고, 당신의 잔이 흘러넘치게 해주실 것입니다. 예수님은 길르앗의 향료요 샤론의 꽃이십니다.

성령 하나님께서 우리를 말로 표현할 수도 없는 온전하고도 아름다운 축복 속으로 인도해 주십니다. 만일 우리가 그런 축복을 받으면, 우리는 "설혹 그분이 나를 죽이실지라도 나는 그분을 신뢰할 것입니다.(역자 번역: Though He slay me, yet will I trust Him.)"(욥 13:15)라고 고백하게 될 것입니다. 여러분은 토기장이이신 하나님의 손에 들린 진흙과 같은 존재입니다. 그렇기 때문에 여러분이 그분의 손에 자신을 온전히 맡기기만 하면 그분은 여러분을 온전하게 빗어주십니다.

녹지 않는 금이 금화로 만들어 질 수는 없습니다. 수분을 머금은 유연한 진흙만 아름다운 도자기로 빗어질 수 있습니다. 초가 녹지 않으면 그 초로 구멍을 막을 수 없습니다. 깨어지고 녹아지지 않는 마음을 가지지 않는 사람은 토기장이이신 하나님의 손에 의해 아름답게 빗어질 수도 없고, 빗어진 후 하나님의 금도장이 박히는 축복을 받을 수도 없고, 아름다운 도자기로 구워질 수도 없습니다.

오늘 이 아침에 하나님께서 그분의 금 도장을 찍으시는 일이 여러분 모두에게 일어났으면 좋겠습니다. 그분이 여러분들에게 비전을 주십니다. 그분이 여러분의 어려움을 제하여 주십니다. 만유의 주께서 여러분의 사랑을 받기 위해 지금 여러분 가운데 계십니다.

"요한의 아들 시몬아 네가 이 사람들보다 나를 더 사랑하느냐?"(요 21:15)라는 예수님의 물음을 생각해보십시오.

하나님은 여러분을 파멸시킬 목적으로 여러분들에게 징벌의 회초리를 드시는 분이 절대로 아니십니다. 당신 안에 하나님의 계획에 자신을 내어드리지 않는 부분이 조금이라도 남아있다면, 그 부분에는 하나님의 영이 거하실 수 없습니다.

주님의 성령이 우리를 온전히 장악하시게 되면, 하나님의 빛이 우리에게 비추어져서 우리는 "영광에서 영광으로 이르게 됩니다."(고후 3:18). 그 결과 우리의 몸이 그분의 생명으로 가득 차게 됩니다. 그래서 우리의 육체를 통해 그분의 생명이 충만하게 나타나게 되어 하나님이 우리에게 주신 모든 것들을 받아들일 수 있는 믿음을 갖게 됩니다.

형제자매들이여, 높으신 하나님께서 여러분들이 서로 하나 되게 해주시고 그분과의 교제 속으로 여러분들을 끌어 다니시면, 여러분들은 그분의 임재를 경험하여 떨게 됩니다. 이때 하나님께서는 여러분 속에 있던 모든 불안, 불신앙, 결점, 망설임들을 쫓아내어주시고 그 대신 전능하신 하나님의 위로를 주심으로 여러분들이 하나님의 능력으로 인해 성령 안에서 안식하게 되고 하나님의 계시를 받게 됩니다. 하나님께서는 여러분들이 그분의 깊음과 높음 속으로 들어오시길 원하십니다.

나를 더 선하게, 더 정결하게 만들어주십시오.
불로 나를 정련해 주십시오.
그래서 하나님의 달콤한 숨결을 느낄 수 있게 해주시고,
당신의 밝은 영광을 볼 수 있게 해주십시오.

나를 더 높은 성산으로 데리고 가셔서,
그곳에서 당신과 교제하게 해주십시오.
나는 당신의 빛 안에서 나를 정결하게 하는
당신의 샘물과 피를 보고 싶습니다.

오늘날 우리가 성령으로 인해 우리의 더러웠던 생각이 없어지고 점점 거룩해짐으로 우리의 삶이 점차 아름다워지고 있습니다. 여러분들이 하나님의 임재로 가까이 가면 갈수록, 성령님께서 자신의 거룩한 계시를 내려주시기 때문에, 우리는 결국 하나님께서 현재와 미래에 대한 그분의 우리를 향한 계획을 알게 됩니다.

하나님께서 우리에게 주시는 것들의 높이와 깊이와 넓이와 길이는 이루 측량할 수 없을 정도입니다. 로마서 8장 10절은 "그리스도께서 너희 안에 계시면 몸은 죄로 말미암아 죽은 것이나 영은 의로 말미암아 살아 있는 것이니라."라고 말하고 있습니다.

오, 사랑하는 여러분들이여, 우리의 몸이 죽었다는 말이 참으로 놀라운 말이지 않습니까? 죄가 정죄 받았기에, 죄가 파멸되었기에, 우리의 몸은 죽은 것입니다. 우리의 온 육이 완전히 죽임당한 것입니다. 우리의 육이 완전히 죽었기에 우리를 통해 그분의 의와 그분의 아름다움이 나타날 수 있는 것입니다. 성령은 생명이요 자유요 기쁨입니다.

성령은 우리를 천국의 임재 안으로 인도합니다. 아, 이것은 참으로 영광스러운 것입니다.

"너희가 여러 가지 시험을 당하거든 온전히 기쁘게 여기라."(약 1:2)고 성경은 말하고 있습니다. 여러분들 중에 많은 사람들이 시험을 당하면 슬퍼합니다. 시련을 두려워하지 마십시오. 생각을 바꾸십시오. 그렇게만 하면 쉽게 시련에서 벗어나실 수 있고 시련을 그전보다 더 잘 이길 수 있으실 것입니다. 시련에 대해 주님께 지금 말씀드리십시오. 당신의 마음의 고통을 주님께 쏟아놓으십시오.

그분은 다 알고 계십니다. 그분은 다 알고 계십니다.
우리의 아버지는 알고 계십니다. 그분은 다 알고 계십니다.
우리가 흘리는 고통의 눈물,
얼마나 많이 흘렸는지 다 알고 계십니다.
우리의 아버지는 다 알고 계십니다.

때때로 저는 노랫말을 바꿔서 노래하곤 합니다. 저는 여러분에게 위의 노래를 다음과 같은 말로 바꿔서 노래해 보겠습니다. 왜냐하면 위의 노래 가사에는 다음과 같은 뜻도 포함하고 하고 있기 때문입니다.

그분이 주시는 기쁨이 나에게 흘러넘칩니다.
그분은 아십니다.
나의 아버지는 모든 것을 다 알고 계십니다.

아, 밤에는 슬픔이 몰아친다고 해도, 아침에는 기쁨이 흘러넘칠 것입니다.(시 30:5) 너무도 많은 그리스도인들이 눈을 들어 위를 쳐다보는 것을 하지 않고 있습니다. 예수께서는 "눈을 들어 우러러 보시고 이르시되 아버지여 내 말을 들으신 것을 감사하나이다."(요 11:41)라고 말씀하셨습니다. "이 말씀을 하시고 큰 소리로 나사로야 나오라 부르셨습니다."(요 11:41)

사랑하는 여러분들이여, 하나님께서는 우리가 하나님의 부활의 능력을 덧입기를 원하십니다. 우리가 아무리 극심한 슬픔과 어려움에 처해있어도 하나님은 우리를 건져주셔서 그분을 더 깊이 경험할 수 있도록 해주십니다.

하나님이 당신에게 말씀하시면 당신의 인간적인 계획을 포기하십시오. 영원히 변하지 않는 것들을 소유하고 계신 하나님의 신호에 따라서만 움직이십시오.

그분은 측량이 불가능할 정도로 부자이십니다. 그분은 우리에게 주시기 위해 많이 갖고 계십니다. "후히 주시고 꾸짖지 아니하시는 하나님께 구하라 그리하면 주시리라."(약 1:5)는 성경 말씀을 꼭 기억하십시오.

우리가 약할 때 하나님의 강하신 손길이 우리에게 다가와서 우리를 도와주십니다. 우리가 약할 때 그분은 우리에게, "네가 만일 나를 신뢰하는 것을 포기하지 않으면, 하늘에 있는 나의 보물 창고에서 보물들을 꺼내어 너에게 줌으로 너를 만족하게 해줄 것이다."라고 말씀하십니다.

하나님이 우리를 "꾸짖지 아니하신다."는 말이 무슨 말입니까? 그분이 우리를 용서하시고, 우리의 필요를 채워주시고, 그분으로 충만하게 해주신 후, 그 모든 것들을 그분께서 우리를 위해 해주셨다는 사실을 우리에게 알려주신다는 말입니다. 여러분이 그분에게 가기만하면, 그분은 여러분들에게 흘러넘치도록 주십니다. 그분이 여러분에게 그렇게 하시는 이유는 그분이 여러분을 사랑하시는 여러분의 아버지이시기 때문입니다.

하나님에게 받고 싶은 것이 있으신 분들 손 한번 들어보십시오. 그분은 여러분의 필요를 채워주시는 분이십니다. 성경은 그분을 "주리는 자를 좋은 것으로 배불리시는 분"(눅 1:53)이라고 기록하고 있습니다.

거짓됨 없이 우는 것은 우리에게 유익을 가져다줍니다. 여러분이 만일 울지 못하는 사람이라면 여러분은 불쌍한 사람입니다. 저를 많이 울게 해주신 하나님께 감사드립니다. 저는 울 때 쉽게 하나님의 임재 안으로 들어가곤 합니다.

제가 예수님의 이름으로 여러분들에게 다음과 같이 묻겠습니다. 여러분, 여러분이 갖고 있는 근심 걱정들을 그분에게 모두 던져버리시겠습니까? "너희 염려를 다 주께 맡기라 이는 그가 너희를 돌보심이라."(벧전 5:7)

제가 오늘 이 아침 이 시간에 간절히 원하는 것이 있습니다. 그것은 바로 흘러넘쳐나는 것입니다. 사랑하는 여러분들이여, 우리 지금 같이 우십시다. 하나님이 우리를 도와주실 것입니다. 하나님께 영광을 돌립니다. 그분이 우리를 만나주시면, 우리의 배고픔이 채워져서 만족함으로 흘러넘쳐나게 됩니다.

* * * * * * * * * *

그의 설교로부터 얻을 수 있는 생명의 열쇠들

열쇠 #1
하나님이 기뻐하시는 믿음 (God's Kind of Faith)

하나님이 여러분과 함께 계시기만 하면 여러분이 어디에 있건 상관없습니다. 당신과 함께 하는 하나님이 당신을 대적하는 사람들보다 수백만 배 힘이 강하십니다.... 하나님을 믿기 때문에 우리에게는 모든 것이 가능하다는 사실을 깨닫게 된다는 것은 우리에게 큰 힘을 실어줍니다.

위글스워스의 믿음은 하나님은 자신이 당하고 있는 어려움이나 시련보다 백만 배나 강하신 분이시라는 사실을 너무도 확실히 인식하는 것에 기초한 믿음이었습니다. 그는 이러한 믿음의 실체 안에서 살았고, 이러한 믿음은 그에게 크나큰 기쁨을 주었습니다. 이러한 믿음을 추구하는 삶은 그로 하여금 모든 시련들을 기쁨으로 이기게 하였습니다. 이러한 믿음의 눈으로 인생을 보았기에 그의 삶은 점점 더 아름다워졌습니다.

여러분들이 만일 이러한 아름다운 믿음의 삶을 조금이라도 체험할 수 있다면, 전 인생이 변화될 것입니다. 만일 그러한 믿음을 가진 사람을 본다면 당신은 그리스도와 같은 사람을 본 것이며, 당신도 그 사람과 같은 믿음을 갖고 싶은 열망이 솟아오를 것입니다. 성경은 이러한 믿음을 "보배로운 믿음"

(벧후 1:1)이라고 말하고 또한 "성도에게 단번에 주신 믿음" (유 3)이라고 말하고 있습니다. 이러한 믿음은 "이기는 믿음", "점점 더 커지는 믿음"이고, 그 어떤 상황과 환경에 처하더라도 오직 하나님만을 바라보는 믿음입니다. 이러한 믿음은 장사꾼이 발견한 "값진 진주"와 같습니다.(마 13:46)

인간의 생각과 인간이 만든 프로그램으로 만들어진 믿음은 참 기쁨을 주지 못합니다. 그러나 하나님이 만들어주시는 믿음에는 상쾌함과 "말할 수 없는 영광스러운 즐거움"(벧전 1:8)이 있습니다. 주 예수님은 "믿음의 주요 또 온전하게 하시는 이"(히 12:2)이시기에, 우리가 허락하기만 하면 우리에게 기뻐하는 믿음(a joyful faith)을 주십니다.

> 우리가 허락하기만 하면 하나님께서는 우리 안에 기쁨이 증가되게 해주십니다.

"귀 있는 자는 성령이 교회들에게 하시는 말씀을 들어야합니다."(계 2:29) 우리에게 가장 중요한 것은 모든 그리스도인들이 이러한 실질적인 믿음을 실제로 소유하는 것입니다. 이러한 믿음은 생각의 동의나 마음의 소망과는 다른 것입니다. 이러한 믿음은 언젠가는 믿는 바대로 반드시 될 것이라는 믿음입니다.

책을 읽는다고, 세미나에 참석한다고 그런 믿음이 생기는 것이 아닙니다. 강의를 듣거나 대학을 다니거나 교사가 된다고 그런 믿음이 생기는 것도 아닙니다. 좋은 기독교적 내용의 텔레비전 프로그램을 시청한다고 생기는 것도 아닙니다. 그러나 이런 것들이 당신의 믿음이 자랄 수 있도록 당신을 도와주거나 인도하거나 지침을 제시할 수는 있을 것입니다. 궁극적으로 이러한 믿음은 오직 하나님으로부터만 얻을 수 있습니다. 그분과 친밀해져서 그분과 같이 걷고, 그분의 말씀 안에서 살고, 그분에 대해 목말라하고 배고파하고, 항상 성령께 자신을 양보해드리는 삶을 살 때에, 당신은 하나님의 믿음을 가질 수 있고, 그 결과 "온전히 기쁘게 여기라."는 성경의 말씀대로 살아갈 수 있습니다.(약 1:2)

열쇠 # 2
"온전히 기쁘게 여기십시오."("Count It All Joy")

하나님은 때때로 우리로 하여금 어렵고, 눌리고, 구석에 몰린 것과 같은 경험을 하게 허락하심으로, 그 어떤 사람도 할 수 없고 오직 하나님만이 우리가 당하는 어려움을 제거하실 수 있는 분이라는 사실을 확실히 알게 하심으로 하나님만을 의지하는 사람이 되도록 하십니다.

여러분, 살아오시면서 인간의 힘으로는 도저히 어찌할 수 없는 경우를 당해보신 적이 있으십니까? 그런 경우에 처하면 인간의 한계를 느끼기 때문에 삶이 힘들어집니다. 그러나 실상 그런 경우에 처하는 것은 축복이라고 할 수 있습니다. 그 이유는 하나님은 그런 경우를 해결하실 수 있는 분이시기 때문입니다.

위글스워스도 그러한 힘든 경우에 처함을 통해 믿음이 자라나게 되었습니다. 그는 그의 설교를 듣는 사람들이 이러한 점들을 잘 이해하게 되기를 간절히 바랬습니다.

내 형제들아 너희가 여러 가지 시험을 당하거든 온전히 기쁘게 여기라. 이는 너희 믿음의 시련이 인내를 만들어 내는 줄 너희가 앎이라. (약 1:2-3)

하나님께서는 우리에게 잠깐 끓다가 식어지는 끓는 냄비 같은 믿음이 아니라, 오래 인내하고 견디는 믿음을 형성시켜 주시기를 원하십니다. 그분은 우리가 단거리 선수가 아니라 장거리 선수가 되기를 원하십니다. 그렇게 되기 위해 우리는 인내하는 믿음은 불과 같은 시련을 통해서만 형성된다는 사실을 알아야합니다.

"믿음은 바라는 것들의 실상이요 보이지 않는 것들의 증거"(히 11:1)입니다. 믿음은 이루어진 것을 눈으로 보기 전에 가져야하는 것입니다. "보이는 소망이 소망이 아니니 보는 것을 누가 바라리요?"(롬 8:24)라고 성경은 말하고 있습니다. 믿음은 하나님이 우리를 위해 움직이고 계시다는 사실을 우리의 내면의 눈으로 보는 것이고, 속으로 아는 것입니다. 믿음은 심리적인 것도 감정적인 것도 아니고, 긍정적인 생각이나 느낌도 아닙니다. 믿음은 당신을 변화시키는 영적인 능력이요 힘입니다.

시련을 당해서도 기뻐할 수 있는 비법은 시련은 하나님이 우리의 믿음을 증가시켜주시기 위해 우리를 훈련시키는 것이라는 사실을 확실히 인식하는 데에 있습니다. 믿음의 증가가 우리의 기쁨과 즐거움이 되어야합니다.

"너희 믿음의 확실함은 불로 연단하여도 없어질 금보다 더 귀하다."(벧전 1:7)는 것이 사실입니다! 금보다 더 귀하다고요? 어떤 사람들은 세상에서 가장 귀한 것이 금이라고 생각합니다. 야고보서 1장 2절을 필립스(Philips) 번역본에서는 "형제들이여, [시련과 시험을] 친구처럼 생각하여 환영하십시오.(Brothers,…. welcome [trials and temptation] as friends.) (역자 번역)"라고 번역하였습니다. 과연 이것이 가능할까요? 정말 우리는 우리가 당하는 시련, 환란, 시험 및 어려움을 친구처럼 생각할 수 있을까요? 네, 있습니다. 백번이라도, 네입니다.

"금을 연단하는 자의 불"(말 3:2), 시련의 불로 인해 우리가 변화됩니다. 모든 그리스도인들이 이 사실을 붙잡아야합니다. 위글스워스의 설교 중에서 위의 열쇠 #2에 인용된 설교는 우리가 겪는 시련과 어려움을 우리가 해결하려하지 말고 하나님께 맡기라고 말하고 있습니다.

인간의 본능은 눈으로 주위를 확인하고 나서야 걸음을 떼려고 합니다. 우리는 항상 그런 식으로 살아 왔기 때문에 그렇게 사는 것이 믿음으로 사는 것보다 훨씬 쉽습니다. 그러나 성경은 우리에게 하나님의 방법으로 사는 것은 "믿음으로 행하고 보는 것으로 행하지 아니"(고후 5:7)하는 것이라고 말하고 있습니다. 만일 우리가 그렇게만 한다면, 그것은 바로 우리가 우리의 믿음을 단련할 기회를 갖는 것입니다.

바울이 디모데에게, "믿음의 선한 싸움을 싸우라."(딤전 6:12)고 말한 충고한 말은 믿음이 자라나는 것이 바로 "선한 싸움"이라는 사실을 우리에게 잘 말해주고 있습니다. 싸움은 상황을 무조건 무시한 채 아무것도 안하고 가만히 있는 것이 아닙니다. 힘써 싸워야 하는 것이 싸움입니다.

여러분들은 지금 싸움을 하고 있는 중입니다. 제가 그 사실을 어떻게 아냐고요? 왜냐하면 하나님 안에서 성숙하고자 하는 모든 사람들은 믿음이 자라나야하고, 믿음이 자라나는 유일한 방법은 싸우는 것이기 때문입니다. 여러분의 싸움은 유혹과 죄와의 싸움일 수 있고, 질병과의 싸움이거나, 당신의 가정을 파괴하려고 하는 지옥 권세와의 싸움일 수도 있고, 아니면 재정적인 면에서의 싸움일 수도 있습니다. 여러분의 싸움이 어떤 싸움이건 간에, 그 싸움은 "믿음의 싸움"이요 "선한 싸움"입니다. 오직 하나님의 믿음으로만 그 싸움에서 승리를 거둘 수 있습니다.

> 시험을 참는 자는 복이 있나니 이는 시련을 견디어 낸 자가 주께서 자기를 사랑하는 자들에게 약속하신 생명의 면류관을 얻을 것이기 때문이라. (약 1:12)

당신이 겪는 시련, 시험과 당신이 싸우는 싸움을 당신의 믿음을 크게 해줄 기회라고 생각하고 그것들을 환영하십시오.

그것들에게 도전하십시오. 믿음이 자라날 기회가 온 것에 대해 기뻐하십시오. 그런 기회를 주신 하나님께 감사하십시오. 승리할 수 있는 믿음을 얻기 위해 말씀과 기도를 통해 그분을 진심으로 구하십시오. 당신이 그렇게 하실 때마다, 당신은 그 싸움에서 이기실 것이고, 그 결과 여러분은 전능하신 그분에게 온통 마음을 빼앗기게 될 것입니다.

열쇠 # 3
온전한 사랑 (Perfect Love)

온전한 사랑이 무엇인지 말씀드리겠습니다: "예수께서 하나님의 아들이심을 믿는 자가 아니면 세상을 이기는 자가 누구냐?"(요일 5:5).… 온전한 사랑을 가진 사람은 예수님의 의도, 소망, 생각으로 채워진 사람이고 자신의 모든 더러운 것이 예수로 인해 정화된 사람입니다. 온전한 사랑을 가진 사람에게는 두려움이 없습니다.

하나님에게 온통 마음을 빼앗긴다는 것은 그분만을 진정으로 사랑한다는 말입니다. 위글스워스가 성령 안에서 체험한 모든 놀라운 경험들은 바로 이것에 기인하였습니다. 그는 위대한 믿음의 사람이었을 뿐 아니라 위대한 사랑의 사람이었습니다.

　예수를 사랑하는 것과 참 믿음을 가지는 것은 끊을 수 없을 정도로 서로 밀접하게 연결되어 있습니다. 이러한 사실을 잘 알고 있었던 위글스워스는 이러한 사실을 사람들에게 알려주려고 끊임없이 노력하였습니다. 갈라디아서 5장 6절에는 "사랑으로써 역사하는 믿음" 이라는 표현이 나옵니다. 우리는 이런 참 믿음을 가지려고 애써야합니다.

믿음에는 두 종류가 있습니다. 하나는 "하나님을 믿는 믿음"(막 11:22)이고, 다른 하나는 "자연인이 갖는 믿음(natural faith)"(하나님을 믿지 않아도 인간 누구나 가질 수 있는 믿음: 역자 주)이 있습니다. "자연인이 갖는 믿음"은 혼적인 것입니다. 요가 수행을 하는 사람들이나 대단한 묘기를 부리는 사람들이 이런 혼적인 믿음을 자주 사용합니다. 사이비 종파를 믿는 사람들이 거짓 기적과 거짓 치유를 행할 때 혼적인 믿음을 사용합니다. 현대 사회는 이것을 "긍정적인 생각"(positive thinking) 이라는 말로 교묘하게 포장해서 사용하고 있습니다. 너무도 많은 사람들이 이것에 빠져있고 심지어는 교회까지 이것에 빠져있을 정도입니다.

> 하나님에게 온통 마음을 빼앗긴다는 것은 그분만을 진정으로 사랑한다는 말입니다.

그러나 "자연인이 갖는 믿음"에는 하나님에 대한 사랑이 없습니다. 이러한 믿음은 마가복음 11장 22절이 말하고 있는 "하나님을 믿는 믿음"과는 아무 상관이 없습니다. 바울은 고린도전서 13장 2절을 통해, "내가…. 산을 옮길 만한 모든 믿음이 있을지라도 사랑이 없으면 내가 아무 것도 아니요." 라고 고백하였습니다. 혼적인 믿음도 산을 옮길 수 있습니다!

정말입니다! 우리가 산을 옮길 만한 믿음 갖고 있다고 할지라도 사랑이 없다면 그 믿음은 혼적인 믿음에 불과하기에, 우리는 아무것도 아닙니다.

오늘날 교회들의 일부 복음 전도자들과 사역자들이 이러한 혼적 믿음을 사용하고 있다는 사실이 슬프기만 합니다. 이들은 이러한 혼적 믿음을 사용해서 기적 치유를 일으키는 듯 눈속임을 하고 있습니다. 그들은 하나님에 대한 첫 사랑을 잃어버린 사람들이고 하나님의 백성들을 긍휼히 여기는 마음을 상실한 사람들입니다. 그들은 그런 식으로 사역을 계속해 나갈 수는 있을지 모르지만 그들이 처음 가졌던 기쁨과 충만함은 그들의 내면에서 사라지고 공허함만 있을 뿐입니다.

그들 중에 어떤 사람들은 마지막 날에 주님께 "주여, 우리가 주의 이름으로 선지자 노릇 하며 주의 이름으로 귀신을 쫓아내며 주의 이름으로 많은 권능을 행하지 아니하였나이까?"라고 말할 지라도, 주님께서는 그들에게, "내가 너희를 도무지 알지 못하니 불법을 행하는 자들아 내게서 떠나가라."(마 7:22, 23)고 말씀하실 것입니다. 이것이 바로 사랑없는 믿음의 슬픈 종말입니다. 해결책은 사랑에 있습니다. 우리가 온전한 사랑 안으로 들어가면, 우리를 묶었던 두려움은 달아나게 됩니다. 사랑은 우리가 하나님을 아는 것이고 또한 하나님이 우리를 아시는 것입니다.

육적인 믿음을 버리고 하나님을 믿는 참 믿음을 취해야합니다. 사람에게서 나온 믿음이 아니라 하나님에 대한 믿음(또는 하나님에게서 나온 믿음(God's kind of faith)을 가져야 합니다. 성령의 인도로 성경을 읽음으로 하나님에게서 나온 믿음이 우리에게 증가됩니다. 오직 "사랑으로써 역사하는 믿음뿐입니다."(갈 6:5)

위글스워스는 이러한 하나님의 믿음으로 사역했습니다. 그는 실로 하나님의 믿음을 소유한 사람이었습니다. 그는 "온전한 사랑이란 예수께서 당신의 의도, 열망, 생각을 장악하고 그것들을 정결하게 한 결과 나오는 사랑입니다."라고 하였습니다. 온전한 사랑은 성령으로 장악되었을 때, 그분의 사랑으로 채워졌을 때에 나오는 사랑입니다. 이러한 사랑이 우리의 심령을 채울 때, 우리는 세상을 이길 수 있습니다!

이러한 내용의 말씀은 실로 "마지막 때"를 위한 말씀입니다. 예수님께서는 마태복음 24장 12장에서 마지막 때에 대해 말씀하시면서, 마지막 때가 되면 "불법이 성행하므로 많은 사람의 사랑이 식어지리라."라고 하였습니다. 우리는 우리 눈앞에서 실로 사람들의 사랑이 식어가고 있는 일들을 현재 목격하고 있습니다.

하나님과의 관계를 돈독히 해나가십시오. 성경 말씀을 공부하시고, 당신이 하나님과의 사랑에 푹 빠지게 해달라고 기도하십시오. 당신의 삶의 목표와 목적을 위대한 사랑의 사람이 되는 것에 맞추십시오. 당신 속에 그리스도가 계시기에 당신은 분명 그런 사람이 될 수 있습니다. 하나님께서 당신 속에 그분의 형상을 집어넣어 당신을 빚으셨다는 사실을 잊지 마십시오.

열쇠 # 4
하나님의 빚으심 (The Molding of God)

녹지 않는 금은 금화로 만들어 질 수 없습니다. 수분을 머금은 유연한 진흙만 아름다운 도자기로 빚어질 수 있습니다. 초가 녹지 않으면 그 초로 뚫린 구멍을 막을 수 없습니다. 깨어지고 녹아지지 않는 마음을 가지지 않는 사람은 토기장이이신 하나님의 손에 의해 아름답게 빚어질 수 없습니다.

우리가 하나님의 손에 의해 빚어지려면, 하나님만이 우리의 전부가 되어야합니다. 우리의 소망은 온통 그분으로만 채워져야 합니다.

그렇게만 되면, 우리가 어떠한 상황에 처해있든지 우리가 겪는 모든 것을 하나님이 우리를 더욱더 정결하게 하실 기회로만 보기 때문에 시련이 축복이 됩니다. 우리가 진리와 생명을 마음이 깨어져서, 녹아버린 금이 되어서, 물기 머금은 진흙이 되어서, 물렁물렁해진 초가 되어서, 겸손한 마음으로 받아들이면, 하나님께서는 우리를 그분의 형상을 따라 쉽게 빚으실 수 있습니다.

불행하게도 너무도 많은 사람들이 이러한 원리를 모릅니다. 그런 사람들은 "예수께로 가면 모든 일이 잘 풀린 것이다. 모든 일이 잘된다."는 말은 들은 적이 있지만, "하나님은 우리를 너무도 사랑하시기 때문에 우리를 그냥 내어버려두지 않으시고 우리를 그분의 '아들의 형상'(롬 8:29)대로 빚으신다."는 말은 들은 적이 없는 사람들입니다.

인생에서 가장 축복된 일은 우리가 그리스도처럼 변화되어서 우리의 삶을 통해 그리스도가 다른 사람에게 나타내는 것입니다! 그러나 이러한 중요한 말씀을 추상적으로만 해석하여 "사람들의 가려운 귀만 긁어주는"(딤후 4:3) 설교들을 하고 있다는 사실이 안타깝습니다.

그리스도께서는 자신의 신부된 교회를 만나시기 위해 다시 오십니다. 그 교회는 영광스러운 교회입니다. 그러기에 성경은 "영광스러운 교회로 세우사 티나 주름 잡힌 것이나 이런 것들이 없이 거룩하고 흠이 없게 하려 하심이라."(엡 5:27)고 말하고 있습니다. 그러므로 그분께서 이 세상에 다시 오시기 전에 교회가 그분의 신부로 단장하기위해 준비하는 일들이 엄청나게 일어나게 됩니다. "금을 연단하는 자의 불"(말 3:2)과 같은 시련, 토기장이 하나님의 우리를 빚으심, 금보다 귀한 시련 등이 바로 신부 단장을 준비하는 일들입니다. 하나님께서는 위글스워스를 통하여 우리가 마땅히 들어야할 말씀을 전하게 하셨습니다. 그 이유는 마지막 때가 가까이 왔기 때문에 신부로서의 단장을 조속히 끝내야 하기 때문입니다.

나의 형제들이여, 기뻐하십시오! 토기장이이신 하나님의 손에 붙들린 것을 기뻐하십시오. 성령으로 인해 당신이 온전히 채워지고 빚어지도록 하십시오.

열쇠 # 5
높은 부르심의 표식 (The Mark of High Calling)

형제자매들이여, 높으신 하나님께서 여러분들이 서로 하나 되게 해주시고 그분과의 교제 속으로 여러분들을 끌어 다니시면, 여러분들은 그분의 임재를 경험하여 떨게 됩니다.... 오늘날 우리가 성령으로 인해 우리의 더러웠던 생각이 없어지고 점점 거룩해짐으로 우리의 삶이 점차 아름다워지고 있습니다.

우리의 형제 위글스워스가 이토록 아름다운 말을 하였다니 얼마나 놀라운지요! 위글스워스가 한 설교들 중 대부분의 설교들이 성령으로 채워진 삶이 얼마나 놀라운 삶인지에 대한 설교입니다. 실로 그의 삶의 비결이 바로 여기에 있었습니다. 만일 우리의 삶에 능력이 있으려면 우리도 그런 삶을 살아야합니다. 사실 위글스워스는 모든 사람들의 삶이 성령으로 채워져야 한다고 믿었기에, 설교할 때 마다 그는 사람들에게 그러한 삶에 대해 알려주려고 노력하였습니다. 성령 채워진 삶, "푯대를 향하여 그리스도 예수 안에서 하나님이 위에서 부르신 부름의 상을 위하여 달려가는"(빌 3:14)삶을 산다는 것은 그분이 우리의 절대적인 주이심을 인정하고, 그분에 온전히 항복하고, 그분과 하나가 되어, 성결한 삶, 안식하는 삶과 능력있는 삶을 사는 것입니다. "금을 연단하는 자의 불"(말 3:2)과 같은 시련을 받음으로, 하나님께서 우리를 빗으시는 시련을 견디어 냄으로 우리는 그런 삶을 살 수 있게 됩니다.

바울은 빌립보서 3장 13절-14절을 통해, "형제들아 나는 아직 내가 잡은 줄로 여기지 아니하고 오직 한 일 즉 뒤에 있는 것은 잊어버리고 앞에 있는 것을 잡으려고 푯대를 향하여 그리스도 예수 안에서 하나님이 위에서 부르신 부름의 상을 위하여 달려가노라."라고 고백하였음을 기억하십시오.

앞으로 나아가십시오! 힘써 전진하십시오! "불꽃"(히 1:7) 이 되십시오. 하나님과 하나 되기 위해 타는 불꽃이 되십시오. 만일 우리가 하나님의 임재 앞에서 떨 수 있는 사람이 된다면 우리는 아름다운 삶을 살게 됩니다!

하나님께서 이 마지막 때에 진리의 삶을 살라고 그분의 교회를 부르시고 계십니다. 바울처럼, 위글스워스는 그러한 진리의 실체를 보았고 맛보았습니다. 그리고 그 안에서 살았습니다. 그리고 그러한 삶으로부터 그의 메시지가 나왔습니다.

당신도 그런 삶을 살 수 있습니다. 할 수 있습니다! 당신은 진정 이 세상 마지막 때에 있을 영혼들의 대추수를 위해 하나님이 일으키시는 "마지막 시대의 군대"가 되는 것을 당신의 삶의 목표로 삼으실 수 있으시겠습니까?

열쇠 # 6
변화를 향한 배고픔

시련을 두려워하지 마십시오. 생각을 바꾸십시오. 그러면 쉽게 시련에서 벗어나실 수 있고 그전보다 시련을 잘 이길 수 있게 됩니다.

당신이 예수 믿은 지 얼마 안 되었거나 오래 되었거나 관계없이, "온전히 기쁘게 여기라."(약 1:2)라는 말씀의 뜻을 잘 깨달음으로, 이 말씀을 당신의 것으로 만들어야합니다. "여러분들 중에 많은 사람들이 시험을 당하면 슬퍼합니다." 그러나 이 말씀의 뜻을 깨닫게 되면 여러분을 향한 하나님의 목적이 보이고, 그분의 영역 안에서 살고 싶은 열망이 생기기 시작합니다. 그러나 그렇게 하는 것은 결코 쉽지 않습니다. 그렇게 살기를 배고파하는 사람조차도 그렇게 하는 것이 쉽지 않습니다.

변화를 위한 간절한 배고픔이 당신 안에 있어야합니다. 오늘날의 세상은 그와는 반대로 살아야한다고 우리에게 말하고 있습니다. 이 세상의 영은 하나님의 백성들이 성령으로 채워진 삶을 사는 것을 너무도 강력하게 방해하기 때문에, 세상과 타협하기를 한사코 거부한 채 하나님을 향해 간절한 심정으로 부르짖어야만 하나님이 자신의 백성들이 원하시는 곳에 이를 수 있습니다.

> **변화하기 위해 큰 은사를 받아야 하는 것이 아니라, 애끓는 마음이 있어야 합니다.**

변화하기 위해 필요한 것은 똑똑한 머리가 아니고 청렴함도 아닙니다. 변화는 선물과 같이 그냥 주어지는 것이 아니라 부르짖는 심령으로 쟁취해야합니다. 변화하기 위해 큰 은사를 받아야하는 것이 아니라, 애끓는 마음이 있어야합니다. 배고픔, 거룩함, 간절한 열망과 훈련이 있어야합니다. 그래야 변화됩니다.

예수님께서는, "인자가 올 때에 세상에서 믿음을 보겠느냐?"(눅 18:8)고 말씀하셨습니다. 그분께서는 그런 말씀을 하신 이유는 이 세상 마지막 때에 악한 영이 활발하게 활동하게 됨으로 성도들의 믿음이 약해질 것을 미리 알고 계셨기 때문입니다. 현재 많은 교회들이 애쓰고 있음에도 교회들의 사랑의 마음이 "식어지고"(마 24:12)있습니다. 이러한 때일수록 우리의 심령 깊은 곳으로부터 변화를 원하는 간절한 마음이 솟구쳐 나와야합니다. 그리고 다윗이 한 다음과 같은 울부짖는 기도를 우리도 할 수 있어야합니다.

> 하나님이여 나의 부르짖음을 들으시며 내 기도에 유의하소서. 내 마음이 약해 질 때에 땅 끝에서부터 주께 부르짖으오리니, 나보다 높은 바위에 나를 인도하소서. (시 6:1-2)

위글스워스는 하나님께 보통으로 말하거나 기도한 것이 아닙니다. 그는 다윗처럼, 울면서 하나님께 부르짖었습니다. 마음이 흡족하지 않아서 눈물을 흘렸습니다. 심령으로, 내가 "깰 때에 주의 형상으로 만족하리이다."(시 17:15)라며 하나님께 울면서 기도하였습니다.

거짓됨 없이 우는 것은 우리에게 유익을 가져다줍니다. 여러분이 만일 울지 못하는 사람이라면 여러분은 불쌍한 사람입니다. 저를 많이 울게 해주신 하나님께 감사드립니다.

제 6 장

하나님으로 채움 받음

시작하는 글
모든 영혼

경찰 두 사람이 위글스워스가 사람들 틈을 비집고 빠져나갈 수 있도록 하려고 애를 쓰고 있었습니다. 위글스워스는 그날 아침에 노르웨이에 도착했습니다. 그러나 그가 도착한다는 소식은 이미 사람들 사이에 널리 퍼져있었습니다. 수천 명의 사람들이 그가 설교할 강당 밖에 모여 안으로 들어가려고 노력하였습니다. 그러나 그 안으로는 한 사람도 더 이상 들어갈 수 없을 정도로 이미 안은 사람들로 꽉 들어찼습니다. 강당 안은 사람들이 너무도 많아서, 발 디딜 공간조차도 없을 정도였습니다.

기적을 일으키는 사람이 온다는 소문에 너무도 많은 사람들이 산지사방에서 몰려든 것입니다. 그중들 많은 사람들은 예수를 믿지 않는 사람들이었습니다. 그들은 병이 낫기 위해, 그리고 병이 낫는 현장을 목격하기 위해 그리고 그 사람에 의해 나타나는 기적들을 보기위기 온 것입니다.

경찰들은 위글스워스가 단상에 오를 수 있도록 하기 위해

혼신의 노력을 경주하였습니다. 드디어 위글스워스는 단상에 서서, 꽉 들어찬 군중들을 바라보았습니다. 순간, 그는 주님과 모인 사람들을 향해 불같은 열정이 솟아올라, "하나님, 이번에는 평상시와는 다른 메시지를 주십시오. 그래서 그 어떤 놀라운 일들이 오늘 여기 모인 사람들에게 일어나게 해주십시오."라고 소리를 질렀습니다.

설교를 시작하자, 그는 "만일 네가 나에게 구하기만 하면, 나는 여기에 모인 영혼들을 다 너에게 주겠다."라고 말씀하시는 하나님의 음성을 들었습니다. 하나님의 음성을 듣는 순간 그는 잠시 머뭇거렸습니다. 그는 이 음성이 하나님의 음성이란 사실을 알았습니다. 그러나 그는 이 소리에 대해 금방 반응하지는 않았습니다. 그러자 다시, "만일 네가 나에게 믿고 구하기만하면, 나는 여기에 모인 모든 영혼들을 너에게 주겠다."라는 소리가 들렸습니다.

이 소리에 위글스워스는 하던 설교를 중단하였습니다. 그러자 모든 눈들이 그를 주시하였습니다. "그가 왜 설교를 하지 않고 있지?"라고 사람들이 의아해 했습니다. 그는 눈을 감고, "좋습니다, 주님, 그렇게 해주시오. 제가 당신께 요청하오니, 이 모든 영혼들을 저에게 주십시오."라고 기도했습니다.

그런 기도를 마치자, (성령의) 바람이 모든 방향에서부터 사람들 쪽으로 불어오는 것 같은 느낌이 들었습니다. 이윽고 단상에서부터 사람들 쪽으로 불기 시작한 성령님의 호흡(바람)

이 강당 안에 가득 찼습니다. 그러자 홀 안에 있던 사람들이 하나님께 자비를 구하며 울기 시작하였습니다. 남녀노소 할 것 없이 모든 사람들이 자신이 죄인이고, 자신이 엄위하신 하나님 앞에서 얼마나 무익한 존재인지를 깨닫기 시작하기 시작하였습니다. 그들은 하나님을 경험하고 있었습니다. 그러자 그들은 하나님께 용서를 빌기 시작하였고, 위글스워스는 그들에게 예수와 구원에 대해 말해주었습니다.

그러자 강당 안에 모인 모든 사람들이 예수님께 자신을 내어드렸고, 하나님께서는 "하나님으로 충만한" 이 한 사람(위글스워스)에게 약속하신대로 강당 안에 있던 모든 사람들을 구원해 주셨습니다.[30]

하나님으로 충만함 (Filled with God)

* * * * * * * * *

하나님으로 충만함
스미스 위글스워스의 설교

먼저 히브리서 2장을 제가 여러분들에게 읽어드리겠습니다.

우리는 들은 것에 더욱 유념함으로 우리가 흘러 떠내려가지 않도록 함이 마땅하니라. 천사들을 통하여 하신 말씀이 견고하게 되어 모든 범죄함과 순종하지 아니함이 공정한 보응을 받았거든 우리가 이같이 큰 구원을 등한히 여기면 어찌 그 보응을 피하리요. 이 구원은 처음에 주로 말씀하신 바요 들은 자들이 우리에게 확증한 바니, 하나님도 표적들과 기사들과 여러 가지 능력과 및 자기의 뜻을 따라 성령이 나누어 주신 것으로써 그들과 함께 증언하셨느니라. 하나님이 우리가 말하는 바 장차 올 세상을 천사들에게 복종하게 하심이 아니니라. 그러나 누구인가가 어디에서 증언하여 이르되 사람이 무엇이기에 주께서 그를 생각하시며 인자가 무엇이기에 주께서 그를 돌보시나이까? 그를 잠시 동안 천사보다 못하게 하시며 영광과 존귀로 관을 씌우시며 만물을 그 발아래에 복종하게 하셨느니라 하였으니 만물로 그에게 복종하게 하셨은 즉 복종하지 않은 것이 하나도 없어야 하겠으나, 지금 우리가 만물이 아직 그에게 복종하고 있는 것을 보지 못하고 오직 우리가 천사들보다 잠시 동안 못하게 하심을 입은 자 곧 죽음의 고난 받으심으로 말미암아 영광과 존귀로 관을 쓰신 예수를 보니 이를 행하심은 하나님의 은혜로 말미암아 모든 사람을 위하여 죽음을 맛보려 하심이라. 그러므로 만물이 그를 위하고 또한 그로 말미암은 이가 많은 아들들을 이끌어 영광에 들어가게 하시는 일에 그들의 구원의 창시자를 고난을 통하여 온전하게 하심이 합당하도다. 거룩하게 하시는 이와 거룩하게 함을 입은 자들이 다 한 근원에서 난지라. 그러므로 형제라 부르시기를 부끄러워하지 아니하시고 이르시되 내가 주의 이름을 내 형제들에게 선포하고 내가 주를 교회 중에서 찬송하리라 하셨으며 또 다시 내가 그를 의지하리라 하시고 또 다시 볼지어다 나와 및 하나님께서 내게 주신 자녀라 하셨으니, 자녀들은 혈과 육에 속하였으매 그도 또한 같은 모양으로 혈과 육을 함께 지니심은 죽음을 통하여 죽음의 세력을 잡은 자 곧 마귀를 멸하시며 또 죽기를 무서워하므로 한평생 매여 종 노릇 하는 모든 자들을 놓아 주려 하심이니, 이는 확실히 천사들을 붙들어 주려 하심이 아니요, 오직 아브라함의 자손을 붙들어 주려 하심이라. 그러므로 그가 범사에 형제들과 같이 되심이 마땅하도다. 이는 하나님의 일에 자비하고 신실한 대제사장이 되어 백성의 죄를 속량하려 하심이라. 그가 시험을 받아 고난을 당하셨은즉 시험 받는 자들을 능히 도우실 수 있느니라.(히 2:1-18)

모든 성경이 다 그렇듯이, 지금 읽은 이 말씀은 우리에게 매우 중요한 말씀이기 때문에, 이 중에 가장 중요한 한 두 구절만을 뽑는 것은 그리 쉬운 일이 아닙니다. 이 구절들은 진리로 가득 차 있고 우리에게 꼭 필요한 구절들입니다. 하나님께서는 우리가 어떤 상황에 처해서라도 항상 하나님의 말씀 밖으로 나가지 않는 온전한 삶을 살기를 원하십니다.

어떤 사람들은 하나님의 크심에 대한 이해가 매우 부족합니다. 많은 사람들이 하나님의 크심에 대해 매우 조금만 이해하고서도 많이 이해하고 있는 줄 알고 자만해합니다. 이에 대해 하나님께서는 아마도, "오, 너희들은 나에 대해 조금만 알고 있으면서, 그것으로 만족해하니 참 안타깝구나!"라고 말씀하실 것입니다.

그러나 그릇이 큰 사람도 있습니다. 그런 사람들은 그 그릇이 하나님으로 완전히 찰 때까지는 결코 만족하지 않습니다. 하나님께서는 그분만을 배고파하고, 그분에 대해서만 갈급해하고, 그분으로만 채움 받기를 원하는 사람들을 하나님 자신으로 가득 채워주십니다.

이 자리에게 계신 분들 중에서 자녀를 둔 여자 분들은 부모를 잃고 이사람 저사람 손에 이끌려 다니며 울고 있는 어린 아이가 겪고 있는 슬픔에 대해 잘 아실 것이고, 그 어린 아이가 엄마 품에 다시 안길 때 경험하는 기쁨에 대해서도 잘 아실 것입니다. 하나님의 자녀는 하나님의 품에 안겨 말씀의 젖을 먹기 까지는 평강도 없고, 힘도 없습니다. 이 세상 그 어떤 것도 하나님의 자녀를 만족시켜줄 수 없습니다.

하나님은 자신의 자녀들을 만족하게 할 특별한 방법을 알고 계십니다. 하나님께서는 우리 속에 역사하시기 위해, 그분과 닮지 않은 모든 것들이 우리에게 없어질 때까지 하늘 문을 열어놓고 기다리고 계십니다.

  이곳에 계신 그 어떤 분도 심령이 말라버린 채로 이곳을 떠나서는 안 됩니다. 나의 형제자매들이여, 하나님께서는 여러분들이 하나님의 광대하심을 경험함으로 여러분의 삶이 물댄 동산 같고, 여러분의 심령이 그분이 주시는 천국 기쁨으로 가득 차게 되기를 원하십니다. 하나님의 아드님께서 이 땅에 오신 이유는 우리에게서 그분의 형상이 나타날 때까지 우리를 빚고 또 빚으시기 위해서입니다.

  마른 땅은 홍수로 인해 항상 충분히 적셔져 있어야합니다. 하나님께서 "나"라는 존재를 오직 하나님의 홍수로 충분히 적셔주시기를 저는 항상 원하고 있습니다. 제 속이 크신 하나님으로 가득 차있다면 저는 자그마한 것들에 대해 허리를 굽히지 않습니다. 그리스도의 죄 사함의 피로 인해 인간의 능력으로는 감히 측량조차 할 수 없는 엄청난 부를 우리가 소유할 수 있게 되었습니다. 성령의 능력이 임한 장소에서 우리가 느끼는 따스함은 우리로 하여금 그분 가까이로 다가가고 싶게 하고, 오직 그분으로만 더 채움 받고 싶어 하는 마음이 생기게 합니다. 그래서 우리의 속이 그분으로 가득 차게 되면 우리는 비로소 하나님의 우리를 향한 마음이 어떠한지를 잘 알게 됩니다.

  이것은 마치 물새 한 마리가 호수의 물 한 모금을 마신 후 호수를 바라보며, "호수가 참으로 넓고 크구나. 내가 더 마실 수만 있다면 이 호수의 물을 더 마시고 싶구나."라고 말하는 것과 같습니다. 때로는 여러분들이 여러분에게 꼭 필요한 것을 이미 갖고 있으면서도, 그런 줄도 모르고 지낼 때가 있습니다.

여러분 자신은 이미 강 위에 떠 있는 배안에 있으면서도 이러한 사실을 몰라 목이 말라 죽을 수가 있다는 사실을 모르십니까?

아마존 강 하구에 배가 한척 떠 있었습니다. 배 안에 있는 사람들은 그들이 아직도 바다 위에 있다고 생각하고 있었습니다. 그들은 마실 물이 없어 죽어가고 있는 사람들이었습니다. 그들 중 이미 몇 사람들은 이미 오랜 기간동안 물을 마시지 못해 미친 증상을 보이기 시작하였습니다. 그때 그들은 지나가는 배 한척을 발견하였습니다. 그래서 그들은 그 배를 향해 마실 물 좀 달라고 외쳤습니다. 그러자 그 배 쪽에서 "물통으로 강물을 떠서 실컷 드세요. 당신의 배는 이미 강의 하구로 들어와 있습니다."라는 소리가 그들의 귀에 들려왔습니다.

이미 생명의 큰 강 위에 있지만, 그 사실을 몰라 목말라 죽어가고 계신 분들이 여기에 많이 계십니다. 사랑하는 여러분들이여, 여러분들은 이미 말씀을 갖고 있습니다. 그러나 여러분들이 영적으로 깨어있지 않으면 말씀의 물을 퍼 마실 수 없습니다.

성령에 의해 여러분의 심령이 감동을 받아야 하나님의 말씀이 여러분에게 살아있는 말씀으로 역사합니다. 하나님께서 여러분의 마음을 만져주어야 말씀이 영(Spirit)이요 생명이 됩니다.

오, 사랑하는 여러분들이여, "한 시내가 있어 나뉘어 흘러

하나님의 성 곧 지존하신 이의 성소를 기쁘게 하도다."(시 46:4)라는 말씀을 기억하십시오. 생명 시내는 여러분의 마음을 움직이게 합니다.

하나님의 말씀처럼 사람들에게 신적인 생명을 공급해 주는 것은 이 세상 그 어디에도 없습니다. 죽음 속에는 생명이 없습니다. 그러나 그리스도는 죽으셨지만 그분 속에는 생명이 항상 가득합니다.

오, 사랑하는 형제들이여, 하나님의 시작은 그 끝을 모르는 시작입니다. 우리는 그 안으로 들어가야 합니다. 우리는 그 하나님을 알아야합니다. 성전에는 성령님이 거하십니다. "하나님께서 지으신 집 곧 손으로 지은 것이 아니요 하늘에 있는 영원한 집"(고후 5:1)에 성령님이 거하십니다. 오, 사랑하는 형제들이여, 그분이 만져주시면 모든 것이 해결됩니다. 하나님은 그를 부르는 모든 사람들을 항상 부요하게 해주시는 분이십니다.(롬 10:12)

오순절은 하나님이 이 세상을 만지시는 것의 마지막 것입니다. 이 말은 성령 세례가 하나님이 이 세상을 만지시는 것의 마지막 것이란 말입니다. 만일 여러분들이 이 점에 대해 알지 못하면 여러분은 영적으로 빈곤하고 연약한 상태에 있는 것입니다. 여러분이 그러한 상태에 머물러 있는 것은 여러분에게 아무런 유익이 없습니다.

저는 여러분 모두에게 하나님이 여러분들에게 한량없이 주시기를 원하시는 것들이 여러분들 속에 한량없이 부어지기를 원합니다. 그렇게 되려면 먼저 하나님이 여러분들을 하나님의 높은 곳으로 옮겨 주셔야합니다. 하나님께서는 예수가 모든 이름 위에 뛰어난 이름이 되시도록 예수를 높여주셨습니다.(빌 2:9) 그래서 모든 것들이 예수님 발아래 있게 되었습니다.(엡 1:22)

제가 오클랜드에 8년 전에 온 적이 있는데, 그때 하나님의 능력으로 인해 수천 명의 병자들이 치유되었습니다. 스웨덴에서는 작년 마지막 5개월 동안 7000명의 사람들이 하나님의 능력으로 구원받았습니다. 하나님의 물결이 휘몰아치고 있습니다. 오늘 우리 모두가 그 물결 속으로 들어갑시다. 하나님의 물은 우리를 모두 다 담고 남을 충분한 물입니다.

하나님의 사랑의 품은 모든 것들의 중심입니다. 당신에게서 눈을 돌려서, 높이 계신 하나님을 쳐다보십시오. 왜냐하면 하나님에게는 영원한 힘이 있기 때문입니다.(사 26:4)

의사를 만나러간 사람들은 의사와 대화를 많이 나누면 나눌수록 자신의 몸의 상태에 관해 더 많은 사실을 알게 됩니다. 의사이신 예수에게로 가십시오. 그분은 처음부터 여러분에 대해 다 알고 계신 분이십니다. 그렇기 때문에 그분은 당신에게 잘못된 처방을 내릴 수가 없으십니다.

제가 어느 날 병자를 방문하러 병원에 갔는데, 어떤 사람이 저에게 "이 사람은 의사가 잘못 처방해준 약을 계속 먹어 이 지경이 된 것입니다."라고 저에게 말해주었습니다. 예수님께서는 치유의 능력과 회복의 은혜를 우리에게 보내주셨습니다. 그러니 우리가 두려워할 것이 무엇이 있겠습니까? 그분은 잘못된 점이 없는 의사이십니다.

단지 잘못이 있다면 여러분 자신이 그분의 구속의 능력이 얼마나 큰지를 잘 모르고 있다는 점입니다. 그분은 여러분의 연약함을 짊어지시기 위해 고난을 받으셨습니다.(히 4:15) 그분은 당신의 죄를 지시고 십자가에 달리셨습니다. 그러기에 성경은 "그도 또한 같은 모양으로 혈과 육을 함께 지니심은 죽음을 통하여 죽음의 세력을 잡은 자 곧 마귀를 멸하시며, 또 죽기를 무서워하므로 한평생 매여 종노릇 하는 모든 자들을 놓아 주려 하심이라."(히 2:14-15) 라고 말하고 있습니다.

여러분이 당하고 있는 질병은 모두 마귀가 준 것입니다. 그러므로 그 질병을 가져다 준 마귀들을 쫓아내야 합니다. 사탄이 하는 말에 귀 기울이지 마십시오. 사탄은 처음부터 거짓말쟁이였습니다.(요 8:44) 만일 사람들이 하나님의 진리의 말씀을 듣기만 한다면 마귀를 물리칠 수 있고, 마귀를 쫓아낼 수 있습니다. 그리고 모든 귀신들도 무릎 꿇게 할 수 있습니다. 또한 항상 승리하며 살 수 있고, "예수 그리스도를 통하여 생명 안에서 왕 노릇"(롬 15:7)하며 살 수 있습니다.

하나님께서 부르신 부름의 높은 곳에서 이탈하여 절대로 낮은 곳에서 살지 마십시오. 하나님은 당신을 하나님의 높은 곳에서 하나님과 함께 살 수 있도록 당신을 부르셨습니다. 하나님께서는 원래 모든 만물들이 사람들에게 복종하도록 계획하셨습니다. 하나님께서는 우리에게 능력을 주셨는데, 성경은 이러한 능력을 "원수의 모든 능력을 제어할 권능"(눅 10:19)이라고 말하고 있습니다.

제가 어느 날 스위스에서 집회를 막 마치려고 하고 있었습니다. 그날 우리는 집회가 거의 끝날 무렵 병자들을 위한 치유사역을 하였습니다. 이때 두 소년이 우리에게 와서 어떤 눈먼 사람이 오늘 오후 집회에 참석해서 우리가 전하는 말을 들었지만 기도는 받지 않았다고 하였습니다. 그리고 그 눈먼 사람은 설교 말씀을 너무도 잘 받아들여서 자신의 눈이 뜨기 전까지는 절대로 집회 장소를 떠나지 않겠다는 말을 했다고 우리에게 전해주었습니다.

그래서 저는 그 말을 듣고 나서, "그 사람의 뜻은 매우 탁월하고 좋은 뜻입니다. 하나님께서는 오늘 그분에게 어떤 좋은 일을 행하실 것입니다."라고 말했습니다.

그리고 우리는 그 눈먼 사람이 있는 곳으로 갔습니다. 그 눈먼 사람은 태어나서 한 번도 사물을 본 적이 없는 사람이었습니다. 그 사람은 태어나면서부터 봉사였지만, 오후에 전한 설교를 듣고서는 눈이 뜰 때까지는 절대로 가지 않겠다고 결심하였습니다.

집회에 온 목적이 이루어질 때까지는 절대로 집회 장소를 떠나지 않겠다는 사람들을 보면 나에게 기쁨이 몰려듭니다. 나는 기쁨에 차서 그날 그 사람에게 기름을 부어준 후 그 사람의 눈에 내 손을 올려놓았습니다. 그러자 갑자기 하나님께서 그 사람의 눈을 뜨게 해주셨습니다.

그 사람은 눈을 뜨자 이상한 행동을 하기 시작하였습니다. 처음에 그는 번개가 치는 것을 보았습니다. 그래서 그 사람은 번개가 치는 숫자를 세기 시작하였습니다. 그러고 나서 그는 그의 주위에 있는 사람들의 숫자를 세기 시작하였습니다. 그 사람은 자신의 눈이 뜨자 기쁨에 겨워 어쩔 줄을 몰라 그런 행동을 한 것입니다. 그 사람이 그렇게 기뻐하는 것을 보자 우리 모두는 울며 기뻐하며 춤을 췄습니다.

그리고 그는 자신이 차고 있던 시계를 벗어서 우리에게 보여주며, 그는 그 동안 손으로 시계 바늘을 만져봄으로 시간을 알았는데 이제는 눈으로 보아 알게 되었다고 하였습니다. 그러고 나서 그는 마치 길고도 긴 잠에서 깨어난 표정을 지었습니다. 이제 그는 한 번도 자신의 눈으로 본 적이 없었던 자신의 어머니와 아버지를 볼 수 있게 되었다는 사실을 깨닫고는, 그분들을 보기위해 출구 쪽을 향해 달음질하였습니다.

밤 집회 시간이 되자 눈을 뜬 그 사람이 제일 먼저 나타났습니다. 사람들은 그가 봉사인줄로 알고 있었습니다. 그래서 저는 사람들에게 그에게 일어났던 일을 설명해 주었습니다.

사랑하는 여러분들이여, 오늘 많이 갖고 가십시오. 여러분이 갖고 가실 것은 무거워서 많이 갖고 가지 못할 것이 아닙니다. 여러분이 갖고 가실 것은 하나님의 은혜요, 능력이요, 축복입니다. 그러므로 그런 것들은 아무리 많이 갖고 가도 괜찮습니다.

오, 그 얼마나 좋은 구원자이신지요! 우리가 그분의 은혜로 인해 그분과 교제할 수 있는 곳으로 들어갈 수 있게 되었는데, 그 곳은 참으로 좋은 곳입니다. 그분은 지금 여러분 모두에게, "평안하라, 잠잠하라.(Peace, be still)"(막 4:39)고 말씀하고 계십니다. 그리고 육체가 아픈 모든 사람들에게는 "강건해져라."(고전 16:13)고 말씀하고 계십니다.

여러분들은 반만 가져가기 원하십니까, 아니면 다 가져가기를 원하십니까? 오늘, 마귀에게 속지 마시고, 하나님을 믿으십시오.

그의 설교로부터 얻을 수 있는 생명의 열쇠들

열쇠 #1
당신을 향한 하나님의 열망

어떤 사람들은 하나님의 크심에 대한 이해가 매우 부족합니다. 많은 사람들이 하나님의 크심에 대해 매우 조금만 이해하고서도 많이 이해하고 있는 줄 알고 자만해합니다. 이에 대해 하나님께서는 아마도, "오, 너희들은 나에 대해 조금만 알고 있으면서, 그것으로 만족해하니 참 안타깝구나!"라고 말씀하실 것입니다.

그러나 그릇이 큰 사람도 있습니다. 그런 사람들은 그 그릇이 하나님으로 완전히 찰 때까지는 결코 만족하지 않습니다. 하나님께서는 그분만을 배고파하고, 그분에 대해서만 갈급해 하고, 그분으로만 채움 받기를 원하는 사람들을 하나님 자신으로 가득 채워주십니다.

"스미스 위글스워스는 사랑, 긍휼한 마음, 믿음과 하나님으로 가득 채워진 사람이었습니다."[31] 우리는 그분이 우리에게 주신 삶의 기준보다 낮은 기준을 세워놓고 살아갑니다. 그러나 하나님은 우리가 하나님이 세워주신 원래의 기준대로 살아갈 수 있도록 우리를 높여주시고 싶어 하십니다. 우리가 가질 수 있는 한 그분이 주시는 것을 되도록 많이 갖게 되기를 그분은 원하십니다.

마지막 때에 꼭 필요한 위글스워스의 이 메시지는 모든 사람들이 다시 들을 수 있도록 하기 위해 분명하고도 큰 소리로 다시 외쳐져야합니다. 오늘날 활동하는 하나님의 선지자들은 믿는 자들의 마음속에 있는 불만족한 마음들을 뽑아내고 그 자리에 더 많은 하나님으로 더 채워지고, 그분의 능력으로 더 채워지고, 그분의 축복으로 더 채워지고, 배고픈 마음이 가득해지도록 해주어야합니다.

너무도 많은 사람들이 성령을 조금 경험했으면서도 그것으로 만족해하며 살고 있습니다. 그들의 배고픔은 매우 작습니다. 그래서 조금만 채워져도 배불러합니다. 어떤 사람의 배고픔의 크기는 컵 크기만 하고 어떤 사람의 배고픔은 바가지 크기만 합니다. 그러나 하나님께서는 하나님에 대한 배고픔이 큰 물통만큼 크고 드럼통과 물탱크만큼 큰 사람들을 군대처럼 일으키시길 원하십니다. 그런 사람들은 위글스워스가 가졌던 정도의 능력과 기름부음 받아서 사역하게 될 것입니다.

하나님의 여러분을 향한 마음은 끊임없이 배고파함으로, 하나님이 여러분에게 주시기 위해 예비하신 것들을 다 받게 되는 것입니다. 하나님 그분만을 사랑하고 그분에게 자기의 마음을 활짝 열어두고 있는 사람들을 하나님은 찾고 계십니다. 하나님은 여러분들이 하나님만을 열망하기를 바라시고, 하나님으로 가득 채움 받기를 원하십니다. 하나님으로 가득 채움 받으십시오!

열쇠 # 2
기준을 낮게 설정한 것으로부터 저를 구해 주십시오!
(Save Me From Setting For Less)

마른 땅은 홍수로 항상 충분히 적셔져 있어야합니다. 하나님께서 "나"라는 존재를 오직 하나님의 홍수로 충분히 적셔주시기를 저는 항상 원하고 있습니다.

오, "하나님, 나를 오직 당신으로 충분히 적셔주십시오." 라는 부르짖음이 심령 깊은 곳에서부터 우러나오는 우리 모두의 부르짖음이 되었으면 참으로 좋겠습니다!

위글스워스는 단지 한 컵, 한 통, 한 물탱크만큼의 분량만 성령님으로 채워지기를 원하지 않았습니다. 그는 그의 심령이 항상 하나님의 홍수로 채워져 있기를 원했습니다. 만일 그보다 적은 양으로 채워져 있으면 그는 그의 신앙이 퇴보한다는 사실을 잘 알고 있었습니다.

그는 뉴욕에서 설교 할 때면 자주 나이아가라 폭포를 방문하곤 하였습니다. 이 때 그와 함께 그 폭포를 방문하였던 그의 친구들에 의하면, 그는 나이아가라 폭포 앞에 서서 떨어지는 폭포를 바라보며 , "주님,(떨어지는 폭포수처럼) 저렇게 나의 심령을 당신으로 채워주세요."32)라고 말하며 울먹거렸다고 합니다.

만일 우리가 하나님의 우리를 향한 계획안에 계속 머무르고자 한다면, 우리는 "주님, 우리의 식욕을 자극해 주십시오. 우리의 당신을 향한 목마름이 점점 감소하고 있는 것에서 우리를 구원해주십시오." 라고 기도하여야합니다. 그리스도인으로서 승리하는 삶을 살고자하는 사람은 하나님에 대한 배고픔이 갈수록 증가해야합니다. 믿음이 퇴보하는 것은 죄를 짓는 삶으로 돌아가는 것이라고 생각하는 사람이 많습니다. 그러나 믿음이 퇴보하는 지의 여부는 표면적인 것으로만 관찰하여서는 안 됩니다. 믿음이 퇴보하는 자는 하나님에 대한 배고픔이 점차 사라지고, 영에 대해 점차 둔감해지는 사람입니다. 믿음이 점차적으로 퇴보하는 사람도 사람들의 눈에는 믿음이 점차 증가하는 사람처럼 보일 수 있습니다. 예전에는 물 한통 크기의 성령을 마셔야 만족했는데 지금은 물 한모금의 성령만 마셔도 만족하는 사람은 믿음이 퇴보한 사람입니다. 과거에 한 모금의 성령만 마셔도 만족했던 사람이 아직도 한 모금의 성령으로 만족하고 있다면, 그 사람도 믿음이 퇴보한 사람이 분명합니다.

너무도 많은 그리스도인들이 과거의 신앙으로 살고 있고, 과거에 하나님과 가졌던 관계로 살고 있고, 과거에 부어졌던 기름부음으로 살고 있습니다. 그런 사람들은 삶에 힘이 없는데, 그 이유는 과거는 과거일 뿐이기 때문이고, 과거에 하나님으로부터 받았던 것들은 현재의 능력을 대신해주지 못하기 때문입니다.

여러분들이여, 혹시 과거의 신앙으로 현재를 살고 있지는 않습니까? 만일 그렇다면 돌이키시고, "처음 행위를 가지십시오."(계 2:5) 과거에 경험했던 하나님의 대한 열망과 기름부음의 수준보다 높은 열망과 수준을 갖기 전에는 절대로 만족하지 마십시오. 그러면 주님께서 당신에게 기쁨을 회복시켜 주서서 "기쁨이 충만하게 되도록 해주십니다."(요 16:24)

형제들이여, 하나님께서는 "말할 수 없는 기쁨과 흘러넘치는 영광"(벧전 1:8)을 당신에게 주셔서 당신이 어떤 환경에 있고 어떤 절망 가운데 있더라도 당신을 들어 올려주십니다. 그러나 그런 일이 당신의 삶에 일어나도록 하기위해서 당신은 먼저 당신의 계획을 포기하고 하나님의 계획안으로 들어가야 합니다. 하나님의 여러분을 위한 목적은 여러분들이 그분을 향한 사랑과 열망을 점점 더 많이 소유하게 되는 것입니다.

하나님, 당신이 우리에게 주려고 계획하신 것들을 점점 더 작게 원하는 것에서 우리를 구원하여 주십시오. 당신의 성령의 홍수가 우리를 계속적으로 덮게 해 주십시오. 그래서 위글스웍스가 그랬던 것처럼 "하나님의 충만하심으로 충만하게 되는"(엡 3:19) 일이 우리에게 일어나게 해주십시오.

열쇠 # 3
깨어난 영(An Awakened Spirit)

여러분들이 영적으로 깨어있지 않으면 말씀의 물을 퍼 마실 수 없습니다.
성령에 의해 여러분의 심령을 감동을 받아야 하나님의 말씀이 여러분에게 살아있는 말씀으로 역사합니다.

자신들의 배가 바다에 있다가 이미 아마존 강 하구에 이른 줄도 모르고 죽어가는 사람들이 있는 것처럼, 하나님의 풍요로움이 주위에 가득한대도 이 사실을 모르고 영적인 것이 채워지지 않아 죽어가고 있는 그리스도인들이 많이 있습니다. 과거보다 오늘날처럼 하나님의 말씀이 풍성하게 계시되고 전달되어진 적이 일찍이 없었습니다. 오늘날 신실한 마음을 소유한 하나님의 사람들에게 의해 하나님의 진리들과 약속들이 전 세계에 걸쳐있는 교회를 통해 전달되어지고 있습니다.

그럼에도 불구하고 영이 잠들어 있는 사람들에게는 그러한 위대한 가르침들이 단지 그들을 "교만하게 하는 지식"(고전 8:1)에 불과할 뿐입니다. 영이 깨어있는 사람은 세상 죄로 인해 영이 둔감해진 것이 없는 사람입니다.

당신이 진정 그리스도 안에서 어떤 존재인지 그리고 당신이 그분 안에서 소유한 것이 얼마나 대단한 것인지에 알게 되면 당신은 놀라지 않을 수 없습니다! 그러나 예수를 믿기 전에 살았던 것과 같은 육의 삶을 사는 그리스도인들은 이러한 것들에 대해 알 수가 없습니다. 감정에만 의존해서 사는 그리스도인들도 이러한 것들을 이해하기가 힘이 듭니다. 그 이유는 감정이 지배하는 삶을 살면 영이 잠들어버리기 때문입니다. 그런 그리스도인들은 자신들에게 행복한 느낌이 느껴지면, 믿음이 있다고 생각합니다. 그러나 슬퍼지거나 우울해지거나 하면, 믿음이 사라졌다고 생각합니다. 그런 사람들은 감정에 의해 롤러코스터를 타고 있는 것입니다. 그런 그리스도인들은 믿음에 기복이 심해서 믿다가도 금방 의심하고 걱정합니다.

> 당신이 그리스도 안에서 어떤 존재인지 그리고 당신이 그분 안에서 소유한 것이 얼마나 대단한 것인지에 알게 되면 당신은 놀라지 않을 수 없습니다!

이것에 대한 해결책은 처음 구원받았을 때의 믿음을 되찾아, 마음의 변화나 감정의 변화에 따라 살지 않고, 성령의 지배를 받아 영적으로 깨어서 사는 것에 있습니다. 그러나 어떻게 해야 그렇게 살 수 있을까요?

영적인 배고픔이 증가하게 되면, 하나님의 말씀을 읽고 기도하고 싶어지게 되고, 이로 인해 우리의 영이 살아나서, 우리의 육과 혼을 묶고 있던 사슬이 끊어지게 됩니다. 그러면 살아난 영이 우리를 장악하게 되어 하나님의 "보배롭고 지극히 큰 약속"(벧후 1:4)의 말씀을 꼭 붙잡게 됩니다. 그러면 이로 인해 우리는 우리가 하나님 안에서 우리가 가진 능력과 권세가 얼마나 큰지를 잘 알게 됩니다. 그래서 우리는 하나님의 높은 곳에서 살 수 있게 됩니다!

이 책에 기록된 모든 진리들과 열쇠들은 독자들이 그러한 삶을 살아 갈수 있도록 도움을 주기위해 작성되었습니다. 위글스워스는 이러한 깨어있는 영을 갖고 살아갔던 사람이었습니다. 하나님은 위글스워스처럼 살아갈 사람들을 찾고 계십니다. 주여, 우리로 하여금 항상 성령에 깨어있는 삶을 살게 하여주십시오. 우리가 육신의 잠에서 깨어나 당신이 우리에게 주시려고 하시는 것들이 우리 속에 가득 채워져서, 당신이 바라시는 삶을 살아갈 수 있도록 하여주십시오.

열쇠 # 4
높은 곳에서 살기 (Living On High)

하나님께서 부르신 부름의 높은 곳에서 이탈하여 절대로 낮은 곳에서 살지 마십시오.... 하나님께서는 우리에게 능력을 주셨는데, 성경은 이러한 능력을 "원수의 모든 능력을 제어할 권능"(눅 10:19)이라고 말하고 있습니다.

하나님께서는 자신의 백성들이 권세의 높은 곳에서 살기를 원하십니다! 영적인 영역에서 완전한 우위를 차지하며 살기를 원하십니다. 그분은 우리가 왕 중 왕이시고 주 중의 주이신 그분과 함께 "왕 노릇"(딤후 2:12)하며 살도록 하기위해 우리를 부르셨습니다!

예수님께서는 하나님께서 "하늘과 땅의 모든 권세를 내게 주셨다."(마 28:18)고 말씀하셨습니다. 우리가 그분과 하나가 되면 예수님이 하나님께 받은 권세가 우리의 권세가 되게 됩니다. 물론 마귀도 권세를 갖고 있습니다. 그러나 우리는 "모든 권세"를 갖고 있습니다. 우리는 육과 마귀를 무찌를 수 있는 모든 권세를 갖고 있습니다. 인간 위글스워스가 그러한 권세를 행사하며 살았다면, 우리도 당연히 그렇게 살 수 있습니다.

하나님께서는 우리가 하나님이 우리에게 주신 권세를 행사하며 살 수 있는 곳에 이르게 되기를 원하십니다. 우리가 마귀를 권세를 이길 수 있는 권세를 갖고 있음에도, 너무도 많은 사람들이 마귀에게 져서, 병에 걸리고, 가난에 눌리고, 죄에 눌려서 살고 있습니다. 우리 그리스도인들이 이렇게 사는 것에 대해 성경은 "내 형제들아 이것이 마땅하지 아니하니라."(약 3:10)라고 말하고 있습니다. 위글스워스는 완전한 승리의 삶보다 낮은 수준의 삶을 사는 것에 대해 결코 만족해하지 말라고 우리에게 권면하고 있습니다.

싸워보겠다고 덤벼드는 것과 싸워보지도 않고 뒤로 물러서는 것 사이에는 엄청난 차이가 있습니다. 많은 사람들이 자신들이 당면하고 있는 어려움을 수용하며 살아가고 있습니다. 그들이 왜 그럴까요? 그것은 그들이 "혼미한 영(잠들게 하는 영, spirit of slumber)"(롬 11:8)을 갖고 있기 때문입니다. 사람들이 잠들게 하는 영에게 자신을 내어주었기 때문에 자신에게 일어나는 있는 일들을 영적으로 분별하지 못하는 것입니다.

여러분들은 위글스워스의 설교 중에서 위에 발췌하여 인용한 부분에 감추어진 비밀을 이해하셨습니까? 그는 하나님의 최고의 것이 아니면 절대로 수용하지 않았습니다. 그가 살았던 "불꽃"(히 1:7)의 삶의 비밀은 하나님의 것으로 가득 채워지는 것에 있었습니다!

> 하나님에 대한 배고픔은
> 간절함을 야기하고
> 장애물을 돌파하고
> 잠든 영이 깨어나도록 하고
> 계시를 가져다주고
> 권세를 가져다주고
> 능력을 가져다주고
> 승리를 가져다주고
> 하나님이 가진 모든 것을 가질 수 있도록 해주고
> 우리가 필요로 하는 모든 것을 공급해 줍니다.
> 우리가 하나님으로 가득 채워질 때까지 말입니다.

만일 하나님으로 가득 채워질 수만 있다면 여러분들도 하나님의 지극히 "높은 곳"(히 1:3)에서 하나님과 함께 "왕노릇 하며"(딤후 2:12) 살 수 있습니다.

열쇠 # 5
떠나지 마십시오 (Don't leave)

집회에 온 목적이 이루어질 때까지는 절대로 집회 장소를 떠나지 않겠다는 사람들을 보면 나에게 기쁨이 몰려듭니다.

만일 우리가 위글스워스의 가르침을 몇 가지로 요약한다면 그 중에 하나가 바로 집회에 참석한 목적을 이룰 때까지는 절대로 그 장소를 떠나지 말라는 가르침입니다.

불굴의 믿음, 하나님의 최고의 것이 아니면 절대로 받지 않겠다는 각오, 이런 것들이 하나님을 기쁘시게 합니다. 이러한 믿음을 혈우병에 걸린 여인이 갖고 있었습니다. 그랬기에 그 여인은 "내가 그[예수님]의 옷에만 손을 대어도 구원을 받으리라."(막 5:18)라고 각오하고 예수를 만질 때까지 그 각오를 결코 포기하지 않았습니다. 물론 예수 근처에는 수많은 사람들이 있었기에 그녀가 예수께로 다가가는 것은 어려운 일이었습니다. 사람들은 그녀가 병자인 것을 알고 그녀가 옆에 올 때 그녀를 밀쳐버리는 일을 계속 했지만, 그녀는 이에 굴하지 않고 "나는 예수를 만짐으로 내 병이 나을 때 까지 계속 예수께 접근할거야."라고 다짐하고 또 다짐하였습니다. 그녀가 가진 이러한 불굴의 믿음으로 인해 그리고 그녀의 입에서 나온

> 하나님의 최고의 것을
> 받지 않을 때까지는
> 절대로 만족할 수 없다는
> 끈질긴 믿음이 하나님
> 기쁘시게 합니다.

믿음의 말들로 인해 그녀는 결국 고침을 받았습니다! 이 이야기는 믿음의 중요성을 우리에게 다시 한 번 일깨워줍니다. 이러한 믿음을 여러분들도 갖게 되기를 하나님은 원하십니다.

야곱도 이와 같은 끈질김을 잘 보여주었습니다. 그는 "당신이 내게 축복하지 아니하면 가게 하지 아니하겠나이다."라고 말하며 축복을 받아내기 까지 밤새 "어떤 사람(a Man)"과 씨름하였습니다.(창 32:24, 26) 그는 엉덩이뼈가 탈골 되어서 고통스러워하였고 밤새 씨름하였기 때문에 무척 피곤하였지만, 그러나 그는 끝까지 그 사람을 붙들고 놓지 않았습니다. 야곱의 목적은 단 한가지였는데, 그것은 하나님의 축복을 받겠다는 것이었습니다. 그는 축복을 받을 때까지 그 사람(a Man)을 그냥가게 할 수 없었던 것입니다.

야곱에게 그런 마음을 주신 분은 바로 하나님이십니다. 그분께서는 야곱에게 축복을 받아낼 때까지 씨름할 수 있는 초자연적인 힘도 주셨습니다. 그리고 마침내 하나님께서는 야곱을 절게 만드심으로 그의 육체에 하나님께서 그를 만지셨다는 표식을 남기셨습니다. 하나님께서 우리에게도 이와 같은 하나님을 향한 끈질긴 배고픔에 대한 열망을 주시기를 바랍니다. 그 배고픔은 너무도 큰 배고픔이어서, 그 배고픔이 채워질 때까지는 절대로 만족해하지 않습니다.

위글스워스가 어떤 눈먼 사람이 "나의 눈이 뜨기 전까지는 절대로 집회 장소를 떠나지 않겠습니다."라고 말했다는 사실을 전해 들었을 때 왜 그토록 기뻐했을까요? 왜냐하면 이것은 그가 그토록 외쳐대었던 그의 설교의 핵심이었고, 그 자신 또한 그런 삶을 평생 동안 살아왔기 때문입니다. 그는 절대로 포기하지 않고 타협하지 않는 끈질긴 믿음을 모든 사람들이 가질 수 있도록 하기 위해 애를 써왔습니다. 그래서 그의 사역을 통해 사람들 속에 그런 믿음이 나타나는 것을 보면 자신의 삶의 목적이 이루어지는 것을 느꼈기에 그는 기뻐할 수밖에 없었던 것입니다.

그의 그런 끈질긴 태도와 그의 하나님에 대한 타는 듯 한 열망이 서로 합쳐졌기에, 그는 현재의 상태에 만족하지 않고 끊임없이 "하나님에 대한 더 큰 믿음"(막 11:22)을 추구하며 살 수 있었습니다. 이러한 그의 믿음에 관하여서는 이 책의 앞부분에서 일부 언급한 바 있고, 위글스워스의 생애에 관한 책들을 읽어보면 더 잘 알 수 있습니다.

그의 사역의 열매는 사람들 속에 믿음이 생기고 자라나는 것이었습니다. 그래서 그는 사람들 속에 그런 것들이 일어나는 것을 보면 기뻐하지 않을 수 없었습니다. 우리의 믿음이 우리의 하늘 아버지를 기쁘게 합니다. 이에 대해 성경은 "믿음이 없이는 하나님을 기쁘시게 하지 못한다."(히 11:6)고 말하고 있습니다. 위글스워스의 마음은 오직 하나님에 대한 열망으로만 가득 차있었기 때문에, 하나님의 기쁨이 곧 그의 기쁨이었습니다. 저는 여러분들도 하나님을 추구함으로 그와 가졌던 기쁨을 여러분도 소유하게 되기를 바랍니다.

여러분이 이 책을 왜 읽으셨습니까? 그 어떤 것을 소유하지 않은 채로 이 책 읽기를 끝내지 마십시오. 이 책 속에 있는 믿음을 통한 능력과 믿음의 원칙과 열쇠들을 여러분들의 것들로 만들기 전에는 이 책 읽기를 끝내지 마십시오. "내가 하나님으로 가득 채워질 때까지 난 절대로 물러가지 않겠다! 내가 그것들을 소유할 때까지 난 절대로 포기하지 않겠다!"라고 결심하십시오. 그런 것들을 반드시 소유하며 사는 삶을 포기하지 마십시오.

마지막 열쇠
당신의 삶의 기준을 정하십시오
(Choose Your Life Standard)

사랑하는 여러분들이여, 오늘 많이 갖고 가십시오.... 여러분들은 반만 가져가기 원하십니까, 아니면 다 가져가기를 원하십니까?

사랑하는 독자 여러분들이여, 이 책을 여러분들에게 바칩니다. 이 책의 처음을 하나님에 대한 배고픔으로 시작하였습니다. 이제 여러분들이 얼마나 하나님을 열망하는 지를 하나님께 아뢰며 이 책 읽기를 마치십시오. 여러분들이 이 책에서 얼마나 많은 것들은 얻는가 하는 것과 여러분들이 이 책을 통해 얼마나 하나님에 대해 배고파하는 가는 여러분들에게 달렸습니다. 만일 여러분의 하나님에 대한 배고픔이 채워지지 않았다면 이 책을 찬찬히 다시 읽어보십시오. 그러면 여러분의 하나님에 대한 배고픔이 채워지는 데 많은 도움을 받을 수 있을 것입니다.

하나님께서는 여러분의 삶을 기준을 높이시기를 원하십니다. 하나님은 여러분들이 마지막 대 추수를 준비할 하나님의 영광스러운 교회에 합당한 자로서의 삶을 살기 원하십니다. 이러한 삶은 성령에 사로잡히고 성령에 의해 불태워지는 하나님을 위한 "불꽃(flame of fire)"(히 1:7)의 삶입니다.

저는 하나님께서 저에게 스미스 위글스워스의 삶과 사역에 관한 것들을 공부하라고 말씀하신 후로 그의 삶이 어떤 삶인 줄을 알게 되었습니다. 그리고 나에게도 동일한 목마름과 배고픔이 생겨나게 되었습니다. 저도 그와 같은 삶을 사는 것이 저의 소원이 되었습니다. 제가 이런 삶을 저의 삶의 기준과 비전으로 삼게 되자 저의 삶은 급격하게 변하기 시작하였습니다. 저의 이러한 비전이 저를 하나님 속으로 몰아갔고 현재도 몰아가고 있습니다.

그러기 전에는, 저는 사람들과 어울려 낮은 수준의 삶을 살며, 저 자신 낮은 수준의 삶을 사는 것에 대해 절망에 빠지곤 하였었습니다. 그러나 어느 때부터 저는 히브리서 12장 1절은 말씀에 기록된 대로 "우리에게 구름 같이 둘러싼 허다한 증인들이 있다."는 말씀에 의지하여 살기로 결단하였습니다. 그러자 내 주위가 히브리서 11장으로 둘러쳐지기 시작하였습니다. 히브리서 11장에 나오는 믿음의 사람들과 현대의 위대한 믿음의 챔피언들이 저의 주위를 둘러쌓습니다.

저는 그들이 살았던 삶을 저의 삶의 기준으로 삼았습니다. 그 보다 낮은 삶을 저의 기준으로 삼았던 것을 포기하였습니다. 저는 그렇게 해야만 된다는 것을 깊이 깨달았던 것입니다.

"만일 독수리처럼 날기 원한다면, 병아리와 같이 놀지 말라."는 말이 있습니다. 만일 독수리처럼 날기 원하신다면, 당신의 주위에 독수리가 가득하게 하시고 그 독수리에게서 배우십시오. 세상에 허다한 "병아리들"이 있습니다. 그러나 그들의 삶을 따라가지 말고 하나님의 위대한 "독수리들"이 살았던 삶을 당신 삶의 기준으로 삼으십시오.

"우리에게 구름 같이 둘러싼 허다한 증인들이 있습니다." (히 12:1) 위글스워스도 그러한 증인들 중의 한 명이기에, 그의 삶은 우리에게 크나큰 도전을 줍니다. 믿음 삶을 살아갔던 위대한 삶의 증인들이 우리에게 그들이 살았던 삶과 동일한 삶을 살아보라고 도전하고 있습니다. "사랑하는 여러분들이여, 여러분들은 [그러한 삶을] 반만 가지기를 원하십니까, 아니면 다 가지기를 원하십니까?"

우리는 위글스워스의 삶과 메시지와 사역들로부터 훌륭한 진리들과 교훈들을 많이 배웠습니다. 배고픔, 순종, 포기, 소유, 시련을 당하면서도 기뻐함, 깨어짐 및 참 믿음에 관한 열쇠들도 알게 되었습니다.

하나님의 부르심을 따라 가는 삶을 사는 것을 포기하지 않는 사람들 속에는 "불꽃"(히 1:7), 영원히 꺼지지 않는 불꽃이 있습니다. 당신은 그 불꽃을 "여러분들은 반만 가져가기 원하십니까, 아니면 다 가져가기를 원하십니까?" 이 책을 읽은 독자들 중 어떤 분들은 이 책을 통해 도전을 받아, 믿음의 삶의 수준을 높이 정하고, 믿음의 열쇠들을 받아 자신의 것으로 만듦으로 삶이 영원히 변화되는 분들이 많이 계실 것입니다. 그러나 다른 책에 뭐 더 좋은 것 없나싶어 이 책을 읽은 후 다른 책들로 바로 달려가는 분들도 계실 것입니다.

　기드온은 영광스런 승리의 전투에 참전한 용사들보다 더 많은 수의 군인들을 가질 수가 있었지만, 그렇게 하지 않았습니다. 저는 기드온의 마지막 용사들은 하나님의 마지막 시대의 군사들을 상징한다고 생각합니다. 이 세상에는 많은 그리스도인들이 있지만 믿음의 증인들이 산 삶을 자신도 살겠다고 결심하고, 마지막 전쟁에 자신을 온전히 헌신하는 그리스도인들은 많지 않습니다. 그러나 그러한 그리스도인들만이 마지막 대 추수에 참예하게 될 것입니다.

　사랑하는 독자 여러분들이여, 거듭 말씀드리는 데, 이 책을 여러분들에게 바칩니다. 이 책은 우유처럼 쉽게 마실 수 있는 책이 아니라, 먹기 어려운 단단한 음식과 같은 책입니다.(고전 3:2) 이 책은 유아적이거나 미지근한 신앙을 가진 그리스도인들을 위한 책이 아니라, 온전한 그리스도인으로 살기를 진지하게 바라는 그리스도인들을 위한 책입니다.

　우리의 대적 마귀가 오늘날 하나님의 백성인 우리를 해하려고 그들의 세력을 더욱 크게 하고 있습니다. 오늘날 "짐승"으로 비유되는 거짓 선지자들이 활개치고 있고, 뉴 에이지 운동이 그 힘을 확산해가고 있습니다. 그러나 최후 승리는 우리 것입니다.

여러분은 하나님의 부르심의 소리를 이미 들으신 분들이십니다. 높은 수준의 삶의 곳으로 오라는 하나님의 초청장을 이미 받으신 분들이십니다. 여러분들이 그런 부르심의 소리와 초청장을 받을 때 여러분은 전율과 흥분을 느낄 수도 있고 느끼지 못할 수도 있습니다. 모든 것이 당신에게 달려있습니다. 당신은 위글스워스처럼 하나님으로 가득 차게 될 수 있습니다. 당신은 하나님의 마지막 군대가 되어 "불꽃" 같은 삶을 살 수 있습니다.

1947년 3월 12일 주님 곁으로 가기까지 스미스 위글스워스의 주님을 위한 열망과 열정은 결코 식지 않았습니다. 그는 주님의 곁으로 가는 날까지 하나님의 사역을 놓지 않았던 것입니다. 그의 죽음은 마치 이 현실에서 저 현실로 옮기는 가벼운 한 발짝의 걸음과 같았습니다. 그는 죽기 일분 전까지도 건강한 상태로 오랜 친구와 이야기하고 있었습니다. 그는 하나님이 계신 곳으로 가서 기쁨으로 영원히 함께 그분과 있기 위해, 그분이 주시는 그를 위해 예비된 면류관을 받기 위해, (건강하게 살다가) 순식간에 이 세상을 떠나갔습니다.

이제 마지막 질문을 던지겠습니다. 당신이 위글스워스가 남겨두고 간 횃불을 이어 받지 않으시겠습니까? 위글스워스가 평생 태웠던 주님을 위한 "불꽃" 같은 삶을 이어 살라는 성령의 내적 음성에 당신은 어떻게 응답하시렵니까?

■ 후주

1) Albert Hibbert, *Smith Wigglesworth: The Secret of His Power* (Tulsa, OK: Harrison Hose, 1993), 42-44.
2) William Hacking, *Smith Wigglesworth Remembered* (Tulsa, OK: Harrison House, 1981), 35.
3) Hibbert, 59.
4) George Stormont, *Smith Wigglesworth: A Man Who Walked with God* (Tulsa, OK: Harrison House, 1989), 49.
5) Smith Wigglesworth, *Ever Increasing Faith* (Springfield, MO: Gospel Publishing House, 1971), 65-66.
6) Stanley H. Frodsham, *Smith Wigglesworth: Apostle of Faith* (Springfield, MO: Gospel Publishing House, 1990), 23, 83.
7) Stormont, 31.
8) Frodsham, 112.
9) Frodsham, 80.
10) Smith Wigglesworth, *Faith That Prevails* (Springfield, MO: Gospel Publishing House, 1985), 24-25
11) Frodsham, 45.
12) Hacking, 74.
13) Colin Whittaker, *Seven Pentecostal Pioneers* (Springfield, MO: Gospel Publishing House, 1985), 24-25
14) Frodsham, 58-60.
15) Frodsham, 111.
16) Hacking, 19.
17) Hibbert, 29-30.
18) Wigglesworth, *Faith That Prevails*, 12-13.
19) Wigglesworth, *Faith That Prevails*, 11.
20) Jack Hywel-Davies, *The Life of Smith Wigglesworth* (Ann Arbor, MI: Servant Publications, 1987), 92.
21) Frodsham, 135.
22) Hacking, 35.
23) Frodsham, 17.

24) Stormont, 112.
25) Stormont, 65.
26) Wigglesworth, *Faith That Prevails*, 11.
27) Hacking, 90.
28) Frodsham, 137.
29) Frodsham, 139.
30) Frodsham, 77-78.
31) Hacking, 61.
32) Frodsham, 146.

■ 추천 도서

Frodsham, Stanley H. *Smith Wigglesworth: Apostle of Faith*. Springfield, MO: Gospel Publishing House, 1990.

Hacking, William. *Smith Wigglesworth Remembered*. Tulsa, OK: Harrison House, 1993.

Hibbert, Albert. *Smith Wigglesworth: The Secret of His Power*. Tulsa, OK: Harrison House, 1993.

Hywel-Davies, Jack. *The Life of Smith Wigglesworth*. Ann Arbor, MI: Servant Publications, 1988.

Whittaker, Colin. *Seven Pentecostal Pioneers*. Springfield, MO: Gospel Publishing House, 1985.

Wigglesworth, Smith. *Faith That Prevails*. Springfield, MO: Gospel Publishing House, 1966.

저자에 관하여

이 책의 저자 피터 제이 매든(Peter J. Maden)은 과거 15년 동안 목회자, 복음 전도자, 부흥사, 컨퍼런스 강사 및 찬양과 경배 인도자로 사역했습니다. 미국과 호주에서 교회들을 개척한 바 있는 저자는 현재 아시아, 유럽, 아메리카와 아프리카의 여러 나라들에서 대규모 옥외 집회와 교회 집회 및 기독교 컨퍼런스들을 통해서 사람들에게 십자가의 복음을 전하고 있습니다.

저자 피터 제이 매든은 1961년에 호주 시드니에서 태어났습니다. 저자는 복음전도자였던 스미스 위글스워스에 관한 이야기를 처음 듣게 되었을 때 그에 대해 크나큰 흥미를 갖게 되었고, 얼마 후 성령 하나님께서 저자에게 위글스워스에 대해 연구하라고 지시하셨습니다. 호주 월롱공(Wollongong)에서의 목회를 마친 1989년에 저자는 가족들과 함께 미국의 캘리포니아 주로 건너갔고, 그곳에서 그는 하나님의 인도로 오클랜드라는 도시에 있는 어느 선교사에 집에 머물렀습니다. 그 집은 과거에 하나님의 위대한 사람들이 머물렀던 집이었습니다. 이 때 그는 그 집의 앞방에 있는 종이 상자에서 스미스 위글스워스의 설교 37편을 발견하였습니다. 그의 첫 번째 저서인 본서와 (본서와 마찬가지로) 위테커의 집 출판사(Whitaker House)에서 출판된 두 번째 저서 "위글스워스의 능력의 비밀"(The Secret of Wigglesworth's Power)에 실린 위글스워스설교들은 그때 발견한 설교들입니다.

저자는 위글스워스와 다른 위대한 부흥 전도자들이 지폈던 하나님의 불을 다른 사람들에게 붙여지는 일들이 일어남으로 그들이 하나님께 영광을 돌리고 그리스도의 사랑으로 사람들을 섬기는 삶을 살도록 하기위해 불꽃 사역(Flames of Fire Ministries)이라는 사역 단체를 만들었습니다.

글쓴이 : 피터 제이 매든(Peter J. Madden)
주소 : Flames of Fire Ministries
P.O. Box 3663
Robina, T.C., Queensland, Australia 4230

역자 후기

위글스워스의 설교에는 생명이 있고 능력이 있고 기름부음이 있습니다. 저는 현재 위글스워스에 관한 책을 4권 째 번역하였습니다.

본서의 장점은 이 책에 위글스워스의 뛰어난 설교가 실렸다는 점 외에, 이 책에 실린 그의 설교를 통해 우리의 삶에 적용할 수 있는 요점(열쇠)들을 저자 매든이 간추려 소개해 주었다는 점입니다. 이 뿐 아니라 이 책에는 매 장마다 위글스워스의 실제 삶에 나타난 기적이야기들이 가감없이 적혀있습니다.

저는 요즘 매일 자기 전에 그의 책을 읽으며 큰 은혜를 받고 있습니다. 그는 참으로 그리스도인들과 하나님의 사역자들에게 모범이 되는 삶을 살았습니다. 그는 정말로 예수와 방불한 삶을 살았다고 할 수 있습니다.

요즘 한국에 스미스 위글스워스의 책이 꾸준히 소개되고 있는 이유는 그가 가졌던 영성에 하늘의 생명력이 가득 흘러넘쳐났기 때문이라고 역자는 믿고 있습니다. 그는 초등학교에는 근처도 가보지 않은 사람이었고, 결혼하고 나서야 비로소 글을 깨우친 사람이었습니다. 그리고 40대 후반이 넘어서야 비로소 사람들 앞에서 설교하기 시작했을 정도로 말을 잘 하지 못하는 사람이었습니다. 그러나 하나님은 그런 위글스워스를 강하고도 크게 쓰셨습니다. 그를 통해 무려 14명의 사람들이 살아났고, 수많은 기적들이 일어났습니다.

놀라운 사실은 그는 평생 동안 단 한권의 책만을 반복해서 읽었다는 사실입니다. 그 책은 바로 성경책이었습니다. 이에 관한 자세한 이야기가 이 책에 실려 있습니다. 그가 그토록 큰 능력과 기름부음을 보여줄 수 있었던 이유는 그가 평생 성경을 끼고 살았기 때문이며 성경에 계시된 예수 그리스도 및 성부 하나님과 깊고도 친밀한 교제를 지속하였기 때문이라고 역자는 믿습니다. 이러한 삶은 바로 예수가 살았던 삶이기도 합니다.

저는 독자들이 진정 열린 마음으로 이 책을 읽는다면 이 책을 통해 위글스워스의 영성과 생명력이 독자들에게 어느 정도 전이되리라고 생각합니다.

이 책을 통해 독자들의 심령 속에 하나님의 영이 가득하게 되는 일들이 일어나기를 간절히 바랍니다.

마지막으로 이토록 좋은 책을 번역할 수 있도록 해주신 믿음의 출판사 김진호 목사님에게 감사드립니다.

2008년 6월 30일
역자 **박 미 가**

역자 소개

　역자 박미가(태경) 목사는 1953년 생으로, 연세대 생화학과, 미조리 주립대 생화학과와 풀러 신학교를 졸업하였고, 현재는 아버지 마음 사역 강사로 활동하고 있다.
　그의 주요 저서로는 위글스워스의 천국(위글스워스, 믿음의 출판사), 스미스 위글스워스의 성령의 은사(순전한 나드), 새롭게 시작하는 기적 인생(티 엘 오스본, 믿음의 출판사), 좋은 인생(티 엘 오스본, 믿음의 출판사), 치유 사역의 거장들(로버츠 리아돈, 은혜 출판사), 하나님 나라의 복음(조지 래드, 서로 사랑), 마귀의 책략과 교회의 승리(릭 조이너, 은혜 출판사), 동산 안에 두 나무(릭 조이너, 은혜 출판사), 열린 하늘을 통하여 하나님을 경험하라(마크 듀퐁, 은혜 출판사), 부활(벤 피터스, 순전한 나드) 외 여러 권이 있다.

믿음의 말씀사 출판물 http://faithbook.kr

케네스 해긴의 「믿음 도서관」책들 케네스 해긴 지음 · 김진호 옮김

- 믿는 자의 권세 (생애기념판) | 양장본 신국판 264p / 값 13,000원
- 당신이 알아야 하는 신유에 관한 일곱 가지 원리 | 국판 112p / 값 5,000원
- 기도의 기술 | 국판 208p / 값 7,000원
- 인간의 세 가지 본성 (증보판) | 국판 128p / 값 5,500원
- 어떻게 하나님의 영으로 인도받을 수 있는가? | 국판 208p / 값 7,000원
- 믿음의 계단 | 국판 240p / 값 8,500원
- 마이더스 터치 | 국판 272p / 값 10,000원
- 당신을 향한 하나님의 계획 | 국판 240p / 값 8,500원
- 하나님 가족의 특권 | 국판 176p / 값 6,500원
- 나는 환상을 믿습니다 | 국판 208p / 값 7,000원
- 하나님의 계획과 목적과 추구 | 국판 224p / 값 8,000원
- 역사하는 기도 | 국판 256p / 값 9,000원
- 병을 고치는 하나님의 말씀 | 국판 184p / 값 7,000원
- 영적 성장 | 국판 192p / 값 7,000원
- 치유의 기름부음 | 국판 344p / 값 10,000원
- 크게 성장하는 믿음 | 국판 160p / 값 6,000원
- 신선한 기름부음 | 국판 176p / 값 7,000원
- 예수 열린 문 | 국판 216p / 값 8,000원
- 믿음이란 무엇인가 | 국판 64p / 값 2,500원
- 진짜 믿음 | 국판 56p / 값 2,000원
- 기름부음의 이해 | 국판 264p / 값 9,000원
- 그리스도께서 지금 하고 계시는 일 | 국판 64p / 값 2,500원
- 승리하는 교회 | 신국판 496 p / 값 15,000원
- 믿음의 양식 | 국판 384 p / 값 13,000원
- 조에 | 국판 96 p / 값 4,000원
- 그리스도의 선물 | 신국판 368 p / 값 12,000원
- 믿음이 흔들리고 패배한 것 같을 때 승리를 얻는 법 | 신국판 160 p / 값 7,000원
- 충분하고도 넘치는 하나님 엘 샤다이 | 국판 64 p / 값 2,500원
- 하나님의 말씀 : 모든 것을 고치는 치료제 | 국판 72p / 값 3,000원
- 그리스도 안에서 | 문고판 48p / 값 1,000원
- 새로운 탄생 | 문고판 48p / 값 1,000원
- 방언기도의 능력을 풀어 놓으라 | 문고판 64p / 값 1,200원
- 재정 분야의 순종 | 문고판 48p / 값 1,000원
- 말 | 문고판 48p / 값 1,000원

- 나는 지옥에 갔다 왔습니다 | 문고판 48p / 값 1,000원
- 하나님의 처방약 | 문고판 48p / 값 1,000원
- 더 좋은 언약 | 문고판 48p / 값 1,000원
- 옳은 사고방식 틀린 사고방식 | 문고판 64p / 값 1,200원
- 속량 - 가난, 질병, 영적 죽음에서 값 주고 되사다 | 문고판 64p / 값 1,200원
- 예수의 보배로운 피 | 문고판 48p / 값 1,000원
- 하나님을 탓하지 마십시오 | 문고판 48p / 값 1,000원
- 네 주장을 변론하라 | 문고판 48p / 값 1,000원
- 셀 모임에서 성령인도 받기 | 문고판 48p / 값 1,000원
- 네 염려를 주께 맡겨라 | 문고판 80p / 값 2,000원
- 성령을 받는 성경적인 방법 | 문고판 64p / 값 1,200원
- 안수 | 문고판 48p / 값 1,000원
- 치유를 유지하는 법 | 문고판 48p / 값 1,000원
- 사랑은 결코 실패하지 않습니다 | 문고판 48p / 값 1,000원

기타 「믿음의 말씀」 설교자의 책들

- 성령의 삶 능력의 삶 | 데이브 로버슨 지음 · 김진호 옮김 / 국판 480p / 값 13,000원
- 왕과 제사장 | 김진호 지음 / 국판 136p / 값 6,500원
- 믿음의 반석 | 최순애 지음 / 국판 352p / 값 12,000원
- 새 언약의 기도 | 최순애 지음 / 신국판 192p / 값 8,000원
- 스미스 위글스워스의 천국 | 스미스 위글스워스 지음 · 박미가 옮김 / 신국판 320p / 값 11,000원
- 위글스워스는 이렇게 했다 | 피터 J. 매든 지음 · 박미가 옮김 / 국판 272p / 값 9,000원
- 행동하는 신자들 | T. L. 오스본 지음 · 김진호 옮김 / 46판 112p / 값 4,000원
- 기적 - 하나님 사랑의 증거 | T.L. 오스본 지음 · 김진호 옮김 / 46판 144p / 값 4,500원
- 새롭게 시작하는 기적 인생 | T.L. 오스본 / 라도나 오스본 지음 · 박미가 옮김 / 46판 288p / 값 8,000원
- 좋은 인생 | T. L. 오스본 지음 · 박미가 옮김 / 신국판 416p / 값 13,000원
- 성경적인 치유 | T.L. 오스본 지음 · 김진호 옮김 / 국판 272p / 값 10,000원
- 100개의 신유 진리 | 티 엘 오스본 지음 · 김진호 옮김 / 문고판 48p / 값 1,000원
- 믿음의 말씀 고백 기도집 | 잔 오스틴 지음 · 김진호 옮김 / 46판 160p
- 하나님의 사랑의 흐름 | 잔 오스틴 지음 · 김진호 옮김 / 46판 48p
- 견고한 진 무너뜨리기 | 잔 오스틴 지음 · 김진호 옮김 / 46판 48p
- 초자연적인 흐름을 따르는 법 | 잔 오스틴 지음 · 김진호 옮김 / 46판 96p
- 당신의 운명을 바꿀 수 있습니다 | 잔 오스틴 지음 · 김진호 옮김 / 46판 96p
- 복을 취하는 법 | R.R.쏘아레스 지음 · 김진호 옮김 / 국판 128p / 값 5,500원
- 믿음으로 사는 삶 | 코넬리아 나줌 지음 · 신현호 옮김 · 김진호 추천 / 46판 176p / 값 6,000원
- 그리스도 안에 있는 나를 인정하기 | 마크 행킨스 지음 · 김진호 옮김 / 문고판 48p / 값 1,000원
- 여기서 머물지 말라 | 크리스 오야킬로메 지음 · 김진호 옮김 / 46판 72p / 값 2,500원
- 방언기도학교 31일 | 크리스/애니타 오야킬로메 지음 · 이종훈/김인자 옮김 / 46판 80p / 값 2,500원

Jesus Mission Academy
예수 선교 사관학교

당신을 향한 '하나님의 계획'을 찾아 이루고 싶지 않으십니까?

당신은 인생에서 이런 것들을 원하지 않습니까?

- 당신의 삶을 향한 하나님의 최고의 계획을 찾아 살 수 있습니다.
- 셀 교회 원리를 체득하여 교회개척의 프론티어가 될 수 있습니다.
- 새 언약의 비밀인 새로운 피조물의 실체를 확실히 깨달을 수 있습니다.
- 하나님의 영으로 인도받으며 그 흐름을 따르는 법을 배울 수 있습니다.
- 성령의 삶 능력의 삶을 사는 하나님의 군대의 장교가 될 수 있습니다.

예수 선교 사관학교가 당신을 그 곳으로 인도할 것입니다.

- 열매로 검증된 강사들
- 현장 실습과 체험적 지식
- 셀 교회 선교 네트워크와 연결
- 다른 사람에게 가르칠 수 있는 내용

예수 선교 사관학교는 당신을 위해 하나님이 세우신 훈련소입니다.

'셀 교회 개척과 번식 원리' 라는 가죽 부대 안에 케네스 해긴 목사님이 세우신 미국 털사의 레마 성경 훈련소에서 가르치는 '믿음의 말씀' 이라는 새 포도주를 레마 출신 현역 사역자들이 배달할 것입니다.

Jesus Mission Academy
예수선교사관학교

경기도 용인시 기흥구 마북동 323-4
TEL : (031) 8005-8894~6
http://www.jesuslike.org